ワンワールド特務・周恩来の日本偵察

東アジアの勢力図を決した吉薗周蔵の奇縁

落合莞爾
Kanji Ochiai

SEIKO SHOBO

自序

平成七（一九九五）年の大晦日に、縁あって吉薗周蔵の自筆手記（以下、「周蔵手記」とします）に出会ったわたしは、以来これを解読しながら月刊情報誌『ニューリーダー』に掲載してきました。その第一回は平成八年三月号ですから、もう二十二年になります。

編年体の「周蔵手記」を十年ほどかけて一通り解読し、解説したわたしは、最後の一部分を残して一旦筆をおきました。これがわたしの解読事業の前半部で、一年後に再開して以来、また十年を超えました。これが後半部となります。

後半部は「周蔵手記」の記載順序にとらわれず、紀伝体とし、吉薗周蔵が遭遇した個々の事件の真相を探求し、その背景となった時代の世界情勢を分析してきました。その間、片時も念頭を去ることのなかった「周蔵手記」の中に、史実の新たな断面を発見したわたしは、これに浸入することにより、近現代史の深層にたどりつき、当初は予想もしなかった史実を数多く発掘することができました。

そこで、成甲書房の社主田中亮介さんの後援を得て、昨年春から再び「周蔵手記」を解読し、これを編年体で解説したものを、「落合・吉薗秘史シリーズ」として発表することとなりました。タイトルを「落合・吉薗秘史」としたのは、吉薗周蔵の手記を基盤にしてわたしの洞察を展開した内容は、二人の合作と思うからです。

平成二十九年五月、「周蔵手記」の解読にわたしが取り掛かった平成八年から二十一年ぶりで、シリーズ第一巻の『「吉薗周蔵手記」が暴く日本の極秘事項』を発表しました。これは、吉薗周蔵の家系と周蔵の上官となった陸軍元帥上原勇作の家系背景を詳しく説明して、読者の理解を深めることを眼目としました。

これに次ぐ第二巻『國體《こくたい》アヘンの正体』は、周蔵の生涯をかけた國體（国体）アヘン事業が、何であったかを世界史的に解説したものです。

第三巻は『日本皇統が創《はじ》めたハプスブルク大公家』と題し、神聖ローマ帝国の歴代皇帝となったハプスブルク大公家の起源が持明院《じみょういん》党の伏見宮治仁《はるひと》王という秘史を明らかにしたものです。この秘史が「周蔵手記」と関係するのは、元帥上原勇作がフランス留学時代にアルザスのポンピドー氏の令嬢と秘密裡に事実婚姻したことでハプスブルク大公家の女婿《じょせい》となり、ワンワールド國體に仕えるコスモポリタン参謀となったからです。このことが、上原配下の陸軍特務となった周蔵の生涯はおろか、日本の国運をも規定したのです。

さて本巻は第四巻で、『ワンワールド特務・周恩来の日本偵察』と題します。元帥上原勇作の秘密義兄となったポンピドーはハプスブルク家の分流で、メソジスト派の牧師として天津南《てんしんなん》開《かい》中学を事実上支配下に置き、日本では青山教会のカシラになり、南開中学で学んだ民国学生の日本留学を推進します。そのなかでも王希天《おうきてん》・呉達閣《ごたつかく》（翰濤《かんとう》）・周恩来《しゅうおんらい》は三羽烏というべき存在で、ワンワールド國體の任務を帯び相次いで来日します。

周蔵より二、三歳年下の三羽烏は、それぞれ奇縁によって周蔵と遭遇しますが、この奇遇はいずれも國體天皇堀川辰吉郎《ほりかわたつきちろう》によって図られたものと洞察する根拠は以下の本稿の内容をご覧ください。

南開三羽烏が関わった世界史的な秘史に触れたため、それなりの詳述を余儀なくされることとなった本巻の内容は、編年体では「周蔵手記」の大正六（一九一七）年十月三日条から同年十二月十六日条（実質的に十二月末条）までの三カ月分にとどまります。これはいうまでもなく、南開三羽烏を並べて解説するため、この期間の「周蔵手記」に登場しない王希天（周居《きょ》應《おう》）の記事を前倒ししたからです。

天津南開中学校で同期生だった三羽烏は相次いで日本に留学します。まず大正四（一九一五）年に王希天、翌年に呉達閣、その翌年に周恩来が来日します。三人が日本を去る時期は来日とは逆の順で、周恩来が大正八（一九一九）年、呉達閣が大正十四（一九二五）年に離日しますが、王希天は日本人に成りすまして終生日本に残留し、昭和末年ころに他界したようです。

南開中学の影のオーナーはメソジスト教会ですが、その指導者はアルザス出身でハプスブルク大公家の分流に当たるポンピドー牧師で、民国人彭《ほう》坡《ば》得《とく》と称して来日し、青山教会の指導者となっていました。

この人の妹ジルベールは、明治十年代にフランスへ留学した上原勇作中尉（のち元帥・参謀総長）と事実婚しています。二人の間に生まれた女子は昭和三（一九二八）年に三十代半ばですから明治二十年代の生まれで、上原の海外出張の折に出来た子供と思われますが、あるいはそのころ来日していたのかもしれません。

ハプスブルク大公系のポンピドー牧師と義弟の参謀総長上原勇作が欧州系ワンワールド國體に属していたことはたしかで、二人は示し合わせてワンワールド國體の世界経略を推進していたのです。天津と東京を股にかけて活動したポンピドーの拠点は、天津ではメソジスト教会とこれに属する天津南開中学、東京では青山教会と城西教会だったのです。

天津南開中学が日本に大量の留学生を送り込んだのも、もちろんワンワールド國體の意図で、中華国家の近代化のための志士養成と、日本社会の民主化を進めるための社会活動を行うことが目的でした。

そのために日本に送り込まれたのが三羽烏で、共通する任務は「日本社会と日本人の観察」ですが、具体的活動はそれぞれ異なります。早期帰国が予定されていた周恩来は京大の河上肇《かわかみはじめ》のマルクス経済学講座をモグリ受講しただけで官学への入学を意図的に避けました。「二体分け」の目的であらかじめ用意されていた影武者が東京の下宿から東亜高等予備校や明治大学に通ってアリバイを作り、本人は東京と京都を往来して日本を偵察していたのです。

呉達閣の来日当初の任務は周恩来の日本偵察の支援で、一高に休学届を出して京都で周恩来の来日を待ち、下宿に同居させて河上肇のマルクス経済学をモグリ受講させます。折からその下宿に渡辺政雄を迎えに行った周蔵が、ただちに周恩来と呉達閣の行動を偵察活動と見破るところが、本稿の眼目です。

任務を済ませた呉達閣は一高に復学し、「二体分け」のために呉翰濤（諱《いみな》は滌愆《できけん》）を称して「五《ご》・四《し》運動」を指導し、その後は勉学に邁進して東大で修士号を取ってから大正十四年に渡米し、国際法学者となりますが、その後の活躍は、周恩来と通謀した「西安《せいあん》事件」から「国共合作《こっきょうがっさく》」となって中国と日本の運命を大きく左右します。

早くから、漢方医周居應の偽名で「二体分け」を実行していた王希天は、関東大震災に乗じて野戦重砲第一連隊の隊付中尉垣内八洲夫《かきうちやすお》による殺害を偽装して姿を消し、その後は周居應としてずっと日本で暮らし、やがて日本人に成りすまして長寿で終わります。これは國體任務から足抜けしたのではなく、三羽烏の中でも最も重要な任務、すなわち国民党に潜入した呉達閣と中国共産党に潜入した周恩来の間の連絡任務に当たっていたものとみられます。

偽装死を予定していた王希天は、たまたま発生した関東大震災を奇貨とした甘粕正彦が計画し、憲兵大尉の立場を最大限に利用したのです。ポンピドーの妹ジルベールと上原勇作の間に出来た娘と事実婚してハプスブルク大公家の女婿となった甘粕は、いうまでもなく上原勇作の腹心で、同郷人で陸士二期下の砲兵中尉遠藤三郎と示し合わせて、王希天の偽装死を実行したのです。

本稿は、南開三派烏が世界史に関わっていることを洞察の結果明らかにしたもので、読者にご納得いただけることを願っています。

なお、本巻の記載には、重複した内容を記す箇所が数カ所あります。これは承知の上でしたことで、世間常識を下敷きにする記述ならば、煩《わずら》わしい重複は避けねばなりませんが、何しろ、世間的には全く非常識の秘事を基底にして展開する本稿では、新事実を述べるたびに、その基底の秘事を、遡って思い出していただくのは読者にとってかえって煩わしいと考え、あえて重複した次第ですので、この段ご宥恕《ゆうじょ》願いたく存じます。

平成三十年二月二十二日、ものみな凍る

紀州成行庵の寓居にて、肉弾三勇士を追憶しながら

落合莞爾（南光房爾應）

三井良太郎が描いた吉薗周蔵の肖像画。
撮影を嫌った吉薗の写真は一枚も遺されていない

[目次]――――ワンワールド特務・周恩来の日本偵察

[装幀]——フロッグキングスタジオ
[本文写真]——ウィキメディア・コモンズ／著者所蔵品
[写真撮影]——波風立之介

＊本書引用史料中に現今の常識では不適切な用語がありますが、史料の重要性に鑑み、そのまま使用しています。

第I部

周恩来と周蔵の接近遭遇

第一章

アヘン代金のロンダリング

本稿は「周蔵手記」大正六年十月三日条から始まる

上原勇作元帥の諜報員吉薗周蔵が書き遺した「吉薗周蔵手記」の解読と解説を進めている「落合・吉薗秘史シリーズ」は本稿が第四巻となる。

このシリーズの構成は一巻を二部に分かち、第Ⅰ部では編年体の「吉薗周蔵手記」を原文のまま掲げ、これをわたしが解読して解説を加えることとした。第Ⅱ部では、解読の過程でわたしが知ることとなった世界史的な秘事を紹介することとした。

本巻の第Ⅰ部は、前著「落合・吉薗秘史シリーズ［3］」第Ⅰ部の時系列的な続きであるから、両書の継ぎしろとして、前巻『日本皇統が創めたハプスブルク大公家』第Ⅰ部の末尾を下に掲げる。

これは、「周蔵手記」大正六（一九一七）年十月三日条と、それに関するわたしの解説である。

10月3日　明《ママ》、スガモ病院玄関にて一〇時
癲狂院《てんきょういん》に入ることとなった　牧野先生の患者のことで　牧野先生と　會《あ》った後、
救命院《きゅうめいいん》で　明日帰らるる　阪井さんと　雑談していると　先日會った徳田さんが
來らるる。

もう來たかと思い　驚く。阪井さんがいてくれて　助かる。
（中略）
タバコヤは　婆さんが　そのまま　働かしてくれ　とのことにて　都合良し。
タバコのことで　10月8日に　久原さんから招かる。

周蔵が買い取った北沢の煙草店は、売主の婆さんが「このまま店番として働かせてほしい」というのを好都合と見た周蔵は承諾した。その煙草店のことで、周蔵は、久原房之助《くはらふさのすけ》から十月八日に招待された。

かくして、佐伯祐三（十九歳）、薩摩治郎八《さつまじろはち》（十六歳）、徳田球一《とくだきゅういち》（二十三歳）の三人の〝ニセ（若者）〟が中野救命院に入れ替わり、立ち替わり訪れて、周蔵を悩ますのであった。

さて、本稿は、右文の続きから始まる。

小淀救命院の初患者

小淀《こよど》救命院の初めての患者は戸津川《とつかわ》信子という十五歳の女学生であった。誰が連れて来たのかは、「周蔵手記」に記されていない。

10月4日
スガモ瘋狂院にて　牧野先生と待ち合わす。戸津川信子、入院す。

一言も口をきかなくなって　二カ月になるとのこと。

まだ15歳の娘であるが、女學校からの帰りに　何かがあったらしい　とのこと。

強姦をされたりはしていない　とのことであるから　何か恐ろしいことを　目撃したのかも知れない由。

落合小學校の裏手の　物置の陰に　隠れるようにしていたのが見つかる。

その時には　もう現状のようだった由。

救命院から牧野先生に頼んだ　初めての患者である。

嫌な病気だ。自分には向いていないように思う。
○佐伯の血液型は　ＡＢ型とのこと

女学校の帰りに何かの事件に巻き込まれた戸津川信子は、落合小学校の裏の物置の陰に隠れているのを発見された。症状は失語症であるが、強姦されたのではないらしい。治療法が分からず判断に困った周蔵は、天真堂《てんしんどう》医院の牧野三尹《みつただ》医師に診察を頼んだ。こうして救命院の初めての患者となった戸津川嬢は、周蔵が牧野に回した初患者ともなったが、しょせん自分はこのような病気の治療に向いていないと感じた周蔵は、率直にそれを記した。

佐伯祐三の血液型の鑑定を牧野医師に依頼していたが、AB型であることが判明した。

佐伯祐三・徳田球一とスキ焼を喰う

佐伯祐三が夕刻に来る約束なので、周蔵は四時に小淀の救命院に行った。佐伯よりも前に徳田球一が来ていて、三人でスキ焼を喰うことになった。

10月7日
夕刻に佐伯が來ることになっているので　4時に救命院に行く。
△5、6（日）は　小菅村から山梨の山を歩く。加藤君の残した帳面の中の　草を捜すようにしている。阪井さんも大分持って來てくれたので　庭に床を作ったが　根づけば幸い。

昨日とおととい、すなわち十月五、六日に周蔵が山梨県北都留《きたつる》郡小菅《こすげ》村から山梨県の山地を歩いたのは、早世した親友・加藤邑《むら》の遺品のノートに記載されたコマクサを捜すためである。北海道の雨竜《うりゅう》郡に土着した阪井さんも、コマクサをかなり持ってきてくれたので、救命院の庭に苗床を作って植えたが、根付けば幸いである。

6時前、徳田さん現わる。續《つづ》いて佐伯が來た。
△佐伯は牛肉が好物とのこと。自分は　肉はあまり喰ったことがないから　佐伯
に任せる。
徳田さんは　どうも徳之島の出身らしい。あの辺は　豚も喰うし　薩摩は馬も喰
うから　料理をしてくれる。
自分は百姓の家であるから　基本的にメシと野菜であり、気が利いていても、ト
リ肉である。卵があれば　上等であった　と云う。
佐伯が　寺の生れの割に　肉を喰うというのには驚く。
門徒《もんと》であるから　物知らず　というのであろうか。

六時前に徳田球一が救命院に現われ、続いて佐伯祐三が来た。

徳田球一といっても若い読者には馴染《なじ》みがないだろうが、日本共産党の活動家として〝徳《とっ》球《きゅう》〟の愛称で知られた人物で、戦後の一時期は日本共産党の顔であった。周蔵と同じ明治二十七（一八九四）年生まれの二十三歳で、佐伯祐三より四歳の年上である。

三人の若者たちが夕飯を作ろうということになった。料理は佐伯が好物という牛肉に決まったが、日向《ひゅうが》の農家で育った周蔵はあまり牛肉に慣れていないので、佐伯に一任したが、料理は

徳田が引き受けてくれた。

　テキパキと牛肉を調理する徳田の様子に、どうやら徳之島の出身らしいと、周蔵が推察した根拠は、徳之島では豚を喰うし、薩摩人は馬も喰うから、肉慣れしていると見たのである。ところが徳田球一は、実は沖縄の名護村出身であった。

　寺の生まれなのに、牛肉が好きという佐伯に、周蔵は「門徒もの知らず」の譬《たと》えを思い出したが、仏教徒でも門徒（浄土真宗信徒）は「肉食妻帯」を禁じていないから、この場合、「もの知らず」はむしろ周蔵の方であった。

■画家・熊谷守一を気にする佐伯

　団欒《だんらん》の話題は画家の話になり、佐伯が中心となって語った。画家について知識がない周蔵は、先日たまたま白樺派の会合で知り合って親しくなった熊谷守一《くまがいもりかず》を持ち出した。

△佐伯にとって　徳田さんと知りあうは、きっと良いのであろう。
ただし徳田さんが　それほど油断な人であれば　の事であるが。
画家の話が中心となる。故に　佐伯が中心となって話していたが、自分は話題も
ないから、先頃　武者小路さんに會った時、親しいらしい熊谷という落ちついた

人と會ったと話す。

佐伯は　偉い画家かと　自分に詰問した。

「多分偉いのではないか、白樺の皆と同等にしていたし、又非常に威風な様子に見えて、口を開くと、その言葉が、そこにピシッと収まるような　一言を持っているという様子だった」と　説明す。
○「しかし繪《え》は、だからうまいとは　限らんやろ」と　佐伯から詰《なじ》らる。
△正しく　威風と画才は関係なかろう。
それでも　今度その人から　画を見せて貰って來るようにと　何度か念を押さる。

陸軍特務として國體罌粟《ケシ》の栽培を広める周蔵と、無政府主義者探索の密命を帯びる本願寺忍者の佐伯は、互いにアリバイを作り合う関係である。

「共産主義者の徳球と自然に知り合ったのは、佐伯にとって都合が良い」とみたが、それは、徳球があまり油断な（注意深くない）人物であればの話で、逆に徳球が注意深い人物なら、佐伯は本性を見破られてしまう恐れがある。

画壇に縁のない周蔵は、自分も話に加わろうとして、先日武者小路実篤に誘われて行った白樺派の会合で知り合った熊谷守一という画家のことを話すと、佐伯は、「その人は偉い画家なんか？」と突っかかってきた。

「白樺派の先生方と対等に話しておられもす様子に、たぶん偉か画家のこつ、思えもした」と、周蔵は答える。「威風があいもして、一言一言が、ピシッとその場に収まるこつ、感じられもした」というと、「そやから言うて、その人が絵ェがうまいとは　限らんやろ?」と、佐伯は不満げに言いながらも、「今度その人に逢《お》うたら、描いた絵ェを見せて貰《も》ろといて欲し」と、念を押した。

徳田さんが9時過ぎ　帰るといわるると　佐伯も帰ることになる。
今日は酔ってしまって　記帳はしないで戻る。
丸めて持ってきた画を　張りつけて帰る時、「また　明日も来る」と云うから、「自分は　ヤボ用で　しばらく留守にする」と云う。
すると、「留守でも良いから、家を借してほしい」と云わる。
△ことわるも良いが、興味を持たるるも厄介と思い　サッパリと鍵を貸した。

九時も過ぎ、徳田が帰るというと、佐伯も帰ることになった。周蔵も酔ってしまったので、「救命院診察日誌」の記帳を中止として、幡ケ谷《はたがや》の自宅に戻った。
丸めて持参した絵を救命院の部屋の壁に張り付けていた佐伯が、帰る際に、「明日もまたここへ来たい」というから、周蔵は「オイは野暮用があいもして、当分ここを留守にせんなら

ん」と答えた。

するとと佐伯は、「あんたが留守でもかまへんから、ワシにこの家をつかわしてくれへんか」、と言い出した。むろん断ってもよい話であるが、「野暮用とは何ですねん」などと詮索されるのも厄介と思った周蔵は、あっさりと救命院の合鍵を佐伯に渡した。質問をさえぎるためで一種の気合いである。

久原房之助とタバコ取引を決める

久原鉱業から申し込んできたタバコの取引条件を決めるため、社長久原房之助と十月八日に遇《あ》う約束をしていた周蔵は、久原が指定した銀座の資生堂薬局に赴いた。

この間の事情を洞察するに、上原勇作から周蔵に、「國體アヘンを来年から久原房之助に納入するように」、との指示があったのである。

アヘン取引は表に出せないから、代金を何かの形でロンダリングする必要があるが、久原鉱業の鉱夫用売店に周蔵がタバコを納入したことにして、そのマージン（利ザヤ）の形とすることを打ち合わせるために、久原が周蔵を呼んだのである。


―10月8日―

久原さん指定の　資生堂へ行く。
○「君は　實際《じっさい》の歳は　幾つか」と云われる。相當《そうとう》　ふけて見ているらしい。
○「タバコを　自分の関係の所に入れさせるから　事務屋と相談をするように」と云わるる。
「君は　數學《すうがく》が得意で算術がだめだと　聞いている」と笑わる。
その足で　事務屋と會う　ことにす。
タバコは直接届くる　ようにして、全ては紙の上だけのことであった。
この計算でいくと、月に3〜4百圓の利益が出ることになる。
どうも　恐しい。

久原が会合場所として指定してきたのは、銀座の資生堂薬局に設けられたソーダ・ファウンテン（資生堂パーラー）であった。

久原が「君の実際の年齢は？」と尋ねたのは、二十四歳の周蔵を、実際よりもずっと年上に見ていたからである。先年の欧州行きに際して、周蔵は久原鉱業社員武田内蔵丞《たけだくらのじょう》の名前を借りたが、その武田は社長の久原と同じ明治二（一八九八）年の生まれで、ときに四十八歳であった（ちなみに本稿はもとより、本シリーズはすべて数え年とする）。

「君の方からウチに煙草を卸したことにするが、詳細は事務屋と相談してくれ」と言った久原は、笑いながら、「君は、数学が得意なのに算術がだめ、と聞いている。商売とは算術だから、うちの総務担当と話すときには、算術もしっかりしなさいよ」と付け加えた。

数学的才能は抜群だが金銭的損得にはこだわらない周蔵の性格を見抜いた上原勇作が、この周蔵評を久原に伝えたのは、金銭面で遠慮がちな周蔵を、側面支援するためである。

國體アヘンの取引をタバコ卸に偽装

早速そのあと、久原鉱業の総務担当と会った周蔵は、タバコの話をまとめた。

周蔵のタバコ店が久原鉱業に売店用タバコを卸すのだが、タバコは製造元から直接、久原鉱業に届けられるから、周蔵は伝票の上だけでマージンを得ることになる。そのマージンは、久原鉱業の売店のタバコの売り上げからすると、月に三〜四百円にもなるのだ。

ようするに、周蔵が久原に納める國體アヘンに対する報酬をタバコの卸しマージンに偽装してロンダリングするのであるが、そのマージンが月に三百円を超えるとは、どうにも恐ろしいと周蔵は思った。当時の一円は現在の八千円くらいに相当するから、今なら年間四千万円にもおよぶ。

「罌粟《ケシ》と黄金」が人類の経済史を規定してきた二大物資であることを、京都皇統から教わったわたしが建てた仮説が、「アヘンと黄金の万年等価の理論」である。

すなわち、「生命財たるアヘンと信用財たる黄金が、原則としていつの時代にも等量等価」というもので、早く言えば、「アヘン一匁《もんめ》の価格は一匁の黄金に等しい」ということである。

商品としての性格上、あらゆる商品の中で流通マージン率が最も小さいのが、無機物で最高の耐久性を有し重量当たりでも高価な黄金である。これと対照的に、流通マージン率が最も高いのが、有機物で管理しにくい粉末のアヘンである。

罌粟《ケシ》の価格を黄金で表すことによって、罌粟《ケシ》の効用（ユーティリティ）が黄金の価値を決めるのは、「米一石が金一両」を基準とした江戸幕府の祖法と同じ意味をもつのである。

右の原則においては、アヘンの製造元から末端消費者まで長く連なる流通過程の、どの段階における価格か、ということが重要であるが、ここでは一応「元卸《もとおろし》価格」と見ておこう。

もっとも、この当時は第一次大戦中で金の移動が禁止されていたため、金本位制の公定価格一匁＝五円（〇・七五グラム＝一円）はそのまま適用できないが、それを言えば、戦争により需給関係が逼迫《ひっぱく》したアヘンも高騰していたので事情は互いに相殺されるから、本稿では一応「金一匁＝五円」として、考察していきたい。

月に三、四百円とは、年に四千円ほどであるから、「黄金とアヘンの等量等価の法則」を適用するならばこれは四貫目のアヘンの卸値に相当する金額である。

大正六（一九一七）年に帰朝した周蔵が、留守中に罌粟《ケシ》の面倒をみてくれた若松安太郎から受けた報告では、留守中の國體アヘンの収量は七〇〇匁であった。これでは足りないと、周蔵が焦っていた折から、北海道雨竜郡に土着した阪井さんが九貫目のアヘンを担いで届けてきたのである。

周蔵が若松安太郎に委託した一昨年（大正四年）の全収穫は四〇〇匁で、内訳は周蔵の直轄分が八六匁、安太郎の収穫は三一〇匁ほどである。その合計四〇〇匁の國體アヘン末を納入したところ、上原閣下がくだされた報奨金は大枚二千円であった。

つまり一匁あたり五円で、金本位制の金地金《きんじがね》とちょうど同価格となるが、安太郎の周蔵に対する要求は、「十分な利益も入れて三一〇円でよい」というものであった。つまり製造原価は一匁一円であるが、安太郎にムリヤリ五百円を押し付けた周蔵は、直轄配下の阪井には百円を与えた。

それから二年後の大正六年に、阪井が届けてきたアヘンは九貫目（三三・七五キロ）もあったが、このアヘンは、周蔵が滞欧中だった前年の分を併せたものと考えられる。つまり、阪井アヘンの大正五、六年の収穫は年産四〜五貫に上ったのである。

周蔵が久原鉱業に卸すタバコから得られるマージンは年間四千円にも達する見込みだが、これは久原が製造者としての周蔵から買い取る國體アヘンの価格である。これを上原配下の帝国陸軍に卸す際に、久原は実業家として当然利ザヤを抜いている。

そこで、久原が帝国陸軍に卸す國體アヘンの価格を周蔵からの買取価格の二倍とみれば、年間で約八千円になる。これが「等量等価の法則」にしたがうものならば、これに対応する國體アヘンは年間八貫目ということになり、阪井関係の大正五〜六年の収量に照らしても首肯できる数値といえよう。

■父・林次郎と義兄・南郷次助の上京

翌日、父の林次郎が、姉ミキの夫南郷次助《なんごうじすけ》に伴われて、宮崎から上京してきた。

10月9日
次助どんが　親父殿を伴って　來らるる。
△自分の親不孝のことで　家の中が　やや不穏であるらしい。
三居《さんきょ》と母親とが　女子同志《ママ》の争いになっているのであろう。
○親父殿は「無視しろ」と云わる。「結果は　良いと出るか　悪いと出るか。50年もしてみなければ　分らんが、とにかく、ケシをそのままやったら良い」とのこと。
家に戻っても　うるさか女子が　二人もおる。その上に　嫁でもとなると、女ばかり3人。加えてミキ姉が　輪をかけて　弁がたつ。

○親父殿云わるに　「後《あと》トリ　だなどといっても　女子のタテになるだけのこと。
馬鹿らしいから　この際　無視が一番」と云わる。
どうやら　嫁の話を　三居や母親や木下などで　決めているらしい。
△岩切の娘にするか　内竹にするかと　かけひきをしているようだ。
親父殿の傳《でん》に従って　當分《とうぶん》は　知らんふりの勘兵衛で　きめこむことにしよう。

父の林次郎が周蔵の姉ミキの夫南郷次助と連れ立って上京してきた。

どうやら周蔵の縁談をめぐって家内が割れているが、周蔵が親不孝で一向に帰郷しないことがさらに輪をかけていて、祖父母（三居《さんきょ》）のギンヅルと母キクノの争いとなっているらしい。

ちなみに、「三居」とは小姑《こじゅうと》の隠居を意味する薩摩の方言で、先代の嫁の連れ子であったギンヅルは、正統な隠居ではないとして、三居と呼ばれていたのである。

上原大将に仕えて出世するのが周蔵の行くべき道、と主張する三居ギンヅルに対して、母キクノは周蔵が帰郷して吉薗家を継ぐことを望んでいた。

林次郎の周蔵に対する助言は、「女たちを無視して罌粟《ケシ》事業を続けろ」というものであった。「総領などといっても、結局は女たちの勢力争いで楯にされるだけのことで、馬鹿らしいから無視していろ」とのことである。どうやら嫁の話は、ギンヅルの実家岩切氏と、キクノの実家木下家の親戚の内竹氏のいずれにするかをめぐる駆け引きとなっているらしいが、周蔵は林次郎の伝にしたがい、知らぬ顔で通すことを決めた。

周蔵をめぐり特殊な状況が生まれた原因は、実は林次郎の父堤哲長《つつみあきなが》にあった。明治二年に偽装薨去《こうきょ》した哲長は、このとき九十歳で生きていたが、京都堀川の國體御所に最高財務責任者（CFO）として仕えるため、世の表に出ることができなかった。子息の林次郎が黙々と農業に従事したのは、林次郎が世に出ると哲長の存在に焦点が当たる虞《おそれ》を避けたのである。

このことはまた、周蔵の運命をも規定した。文化人として育てるため武者小路実篤に預けた周蔵を変更して上原勇作の「草」としたのは、ギンヅルの本意でなく、実は哲長の指示にしたがったものであった。國體黄金を担う哲長の秘密を守るために周蔵は世に出てはならなかったのである。ギンヅルも國體の大義にしたがい、心ならずも、愛孫を甥の上原勇作に預けて一生陽の当たらない「草」としたのである。

10月10日から、親父殿の助けを借りて　小菅村に開墾に行く。幸い　空家を借りることができ　助かる。
△アヘン末も　自分と阪井さんとで作るものしか　良質ではないから、できるだけ自分の畑を　広くするしかない。幸い　人夫を頼むことができたので　仕事が大分らくになる。

林次郎の上京は、農作業を手伝ってほしい周蔵の依頼によるものであった。

右の「周蔵手記」本文の記載内容をまとめると、下記のようになる。

①先日訪ねた小菅村に林次郎を伴って行き、父の助けを借りて開墾を始めた周蔵が、運よく空家を借りることができて、大いに助かった。

②國體アヘン末は、周蔵自身と直轄の阪井が作る國體アヘンに限られるので、増産するには直営畑を広げるしかない。幸い現地の小菅村で作業員を頼めることになったので、仕事が大分楽になった、というものである。

右はほとんどが虚偽記載である。つまり、林次郎と南郷次助の上京は京都行で不在になる周蔵のアリバイ作りが目的で、奥多摩へ行くには行ったが、どの程度まで作業したのかは未詳である。

第二章

ギンヅルと京都に往く

■——「周蔵手記」本文とは別に記した「別紙記載」

あらためて言うまでもなく、前章は「周蔵手記」本文の大正六年条を、わたしが解読し解釈したものである。

ところが、これが「周蔵手記」のすべてではない。「周蔵手記」には本文とは別に、特定事項を詳しく記した「ウラ帳簿」が存在していて、これを「別紙記載」と呼ぶ。

吉薗明子さんから「周蔵手記」本文の冒頭部分が送られてきたのは、平成七年十二月三十一日のことで、残りの部分も何度かに分けて送られてきた。ゆえに「日誌ハ　マフ終《もう》リトス」として記載を停止した昭和十三（一九三八）年までの「周蔵手記」の本文は、すべてわが手許にある。

問題は「別紙記載」である。本文は、ごく当初の分を除いてすべて横書きであるが、縦書きの場合は縦線が、横書きの場合は横線が、随所に引かれていて、これが、その部分に関する「別紙記載」の存在を暗示していることを、わたしは発見した。

傍線の数からみて膨大な数の存在が推察される「別紙記載」ではあるが、わが手許に送られてきたものはまことに少ない。少ないが、その内容は実に驚くべきものである。

その一つが、大正六（一九一七）年十月七日から二十六日までの「大正六年秋の京都行」に

関するもので、その内容が日本近代史どころでなく、世界史にとっても極めて重要なことは、以下をお読みいただければ判る。

すでに『ニューリーダー』の連載において何度か発表し、その後もいくつかの拙著で繰り返し取り上げたから、今これを述べると、読者諸兄の中には、「またか！」と感じられる向きがおられるかもしれないが、「ギンヅル同伴の京都行」全文を掲げるのは、実は本稿が初めてである。以下には、じゅうらいの著作と重複する分も多いが、それをも承知で、本稿で述べるのは、この「大正六年秋の京都行」に関する別紙記載の解説が、いまだ終止符を打ったとはいえないからである。それは、近来ワンワールド史に対するわたしの理解が深まるに対応して、この記載内容の理解も深まってきたからである。

もっとも、過去の全著作を並べ、どの著作でわたしが何を述べたのかを再検討して、当時解釈の至らなかった点をいちいち改めるのは、全巻を通読された読者は別として、その他の読者にとってはかえって混乱を招くと考えるので、そのことは後学に一任したく、本稿は、従来著作との重複を承知で、大正六年十月の「別紙記載」（以下「大正六年秋の京都行」と称する）の全文を掲げて、今の時点での解釈を施すこととしたい。

といっても、たとえば高島友武の事蹟など傍流に属する事項は、過去の著作で詳しく触れたから、改めて取り上げないので、ご了承いただきたい。

九月になるとはやく　婆さんが上京　出でて來たる。
この婆　躰《からだ》丈夫にて　突如　雲の如く湧きよるに　まこと　迷惑であるが　やむなしか。
來る目的は　高嶋さんに関うる事もあるようだし、閣下に用もあるのであろうが、例の如く　あの人物と同伴であるに　何かたくらむことでもあるのであろう。
閣下も又　まめによく手紙を出すようであるし、婆さんと二人　薩摩の田舎において　この國の情勢を　手にとっておらる。

右が「大正六年秋の京都行」の冒頭である。つまり「周蔵手記」本文にはまったく述べないが、大正六年九月の初頭、ギンヅルが日高尚剛《ひだかなおたけ》を伴って、日向から上京してきたのである。

ところで、読者にお詫びしなければならぬことがある。
それは、本シリーズの第二巻『國體アヘンの正体』の一二六頁に、この「別紙記載」の作成時期を大正九（一九二〇）年とした誤りである。誤りの原因はいくつかあるが、冒頭の「九月になると早く……」を「九年になると……」と、読み違えたのが主因である。よって、第一巻のその辺りは、大正六年と読み替えて頂きますよう、お願い申し上げる。
第二巻の一三二頁の二行目も右と同じである。

ワンワールド國體におけるギンヅルの位置

ギンヅルは常に日向小林の吉薗家にいたわけではない。東京では新小川町《しんおがわまち》に若松忠次郎名義の家を持っていたと聞くが、宮崎との京都の間を船便で往復していたギンヅルは、京都にも住居があったのは当然である。

ギンヅルの旦那（情夫）の公家堤哲長《つつみあきなが》は明治二（一八六九）年四月四日に薨去《こうきょ》したとされるが、これは慶応二（一八六六）年末に偽装崩御された孝明先帝に堀川御所で仕えるための偽装死である。文政十（一八二八）生まれの哲長は、大正六（一九一七）年には九十歳であるから、生きていたとして不思議はないし、現に生きていたのである。

護良《もりなが》親王の末裔たる大室寅助《おおむろとらすけ》に政体皇室を委《ゆだ》ね、みずからは國體天皇となられた孝明先帝は、四歳上の堤哲長を最も信頼され、國體ファンドの管理運用を任せておられた。国土保全と発展に関するインフラ事業は、古来、政体の手に負えるものではなく、國體ファンドを利用した國體事業として実施された。江戸時代では有名な「宝暦《ほうれき》治水」がそれで、薩摩藩によって行われたが、江戸幕府は関係していない。

明治以後の具体的な例を挙げると、安積《あさか》、那須および琵琶湖の「日本三大疎水」の建設資金はすべて國體ファンドから出たもので、これを決定したのは國體御所のＣＦＯ（最高財務担当

者）の堤哲長であった。工事実行の中心は旧会津藩士である。

大正六年には八十六歳で存世も不自然でない孝明先帝は、仄聞《そくぶん》するところ、明治末期に渡欧されたようである。「なぜ欧州へ？」、といぶかる向きがあって当然であろうが、行先は「天孫系欧州王室」である。

前著（第三巻）で述べたように、天孫皇統の有間《ありま》皇子・大津皇子・護良親王王子・治仁《はるひと》王らが渡欧して天孫系欧州王家を立てたが、これを構成員とする欧州王室連合こそ欧州國體の根幹なのである。

江戸中期に至り、朝廷と幕府が協議して閑院宮《かんいんのみや》家を建てた目的は、欧州大塔宮《おおとうのみや》の里帰りの受け皿とするためである。やがて欧州大塔宮系の一人が里戻りして閑院宮家に入り典仁《すけひと》親王となり、その王子が光格天皇となったことで天孫皇統と欧州國體が強制的に統合された光格王朝は、ここに、ワンワールド國體の皇統となったのである。これは建武の昔、大塔宮護良親王の王子、興良《おきなが》親王を北朝光厳天皇の皇子として入れることにより、南北朝の強制統合を実現した「大塔政略」の相似象であった。

光格の皇子仁孝天皇が偽装崩御して秘密渡欧したのは、日本から欧州への里帰りであって、これにより全世界のワンワールド國體が統合されて世界王室連合となり、ワンワールド國體皇統がその中心になった。

ここにこそ孝明天皇偽装崩御のカギがあるわけで、孝明先帝の皇太子ながら政体皇位を大室

寅助に譲って國體天皇を継いだ睦仁《むつひと》親王は、嘉永五（一八五二）年生まれで、大正六（一九一七）年には六十五歳であった。

國體天皇睦仁の王子として明治十三（一八八〇）年に生まれた堀川辰吉郎《ほりかわたつきちろう》は、このとき三十七歳であった。この辰吉郎が父を継ぎ、やがてワンワールド國體の首頭（世界天皇）となるが、その時期については未詳である。

■――ハプスブルク家の逼塞とワンワールド國體皇統の確立

第一次大戦での敗戦により崩壊したオーストリア＝ハンガリー帝国の皇帝カールI世が大正七（一九一八）年に亡命し退位した。

以後のハプスブルク大公家が逼塞《ひっそく》することにより、ワンワールド國體皇統の唯一正統性が高まったのである。その前年すなわち大正六年秋の吉薗周蔵を伴うギンヅルの京都行は、淵源《えんげん》をたどれば堀川辰吉郎のワンワールド國體の世界戦略に行きつくのである。

明治二（一八六九）年に薨去を偽装した堤哲長が國體の財務担当として孝明先帝に仕えたことは、厳重な秘密とされ、その生存を知る者は、哲長を代行して世間で活動した妾の吉薗ギンヅルと、孝明先帝からとくに密命を賜っていた旧会津藩関係者を除いて、ほとんどいない。

孝明先帝と堤哲長の関係を継ぐ第二世代は睦仁親王と吉薗林次郎で、どちらも重要な存在であったが、歴史の巡り合わせのために世に顕《あらわ》れなかった。第三世代が堀川達吉郎と吉薗周蔵で、まったく世間の裏側にいて重要な仕事をしたが、これらの世代間を橋渡ししたのが堤哲長とギンヅルであった。

ギンヅルの担当分野は國體アヘンに関する事業で、補佐していた事業家が鹿児島市山下町《やましたちょう》の日高尚剛である。これがすなわち「あの人物」で、ギンヅルと二人で「上原閣下の資本家」の役割を果たしていたと、「別紙記載」で周蔵は言うが、これは上原の背後に堀川御所の睦仁親王と堀川辰吉郎がおられたことを意味する。

上原勇作も、日高尚剛に対してマメに報告の手紙を書き送っており、その一部が現在、首都大学東京に蔵する上原勇作資料の中に遺されている。

今回のギンヅルの上京は、日高尚剛を同伴しているところから事業上の理由によるものと判断した周蔵が、一方で、「高嶋さんに関うる事もあるようだし」とも感じたのは、前年に薨去した子爵高島鞆之助《たかしまとものすけ》こそギンヅルのほんとうの事業パートナーで、日高はその手下だったからである。

明治四（一八七二）年の御親兵《ごしんぺい》募集に応じて上京した薩摩藩士高島鞆之助は、西郷（隆盛）・大久保（利通）・吉井（友実《ともざね》）の計らいで宮中改革を命じられ、宮内省侍従となって明治天皇に仕えていたが、明治七（一八七四）年に帝国陸軍に転じて大佐となり、以後は陸軍軍人として活躍した。

陸軍大臣として日清日露の両戦役の軍備を全《まっと》うした高島の事蹟は、海軍大臣樺山資紀《かばやますけのり》と好対照をなす。

日清戦役後に台湾総督樺山資紀を助けるため、台湾副総督となって土匪《どひ》討伐に成功した高島は、日清戦後は初代拓植務大臣として台湾と関東州の両植民地を管轄し、陸軍と政界の最上部に達したが、晩年は女婿《じょせい》の陸軍少将高島友武《ともたけ》の屋敷のある京都で暮らしていたらしい。これはおそらく堀川御所に近侍するための偽装居候と推察されるのは、宮崎にいたギンヅルも、しばしば船便で京都と往復していたと聞くからである。

高島の政界における停滞の所以《ゆえん》を合理的に説明できない史家たちは、三宅雪嶺《せつれい》の月旦《げったん》を頼りに、高島本人の性格にその原因を求めるが、明快さを欠くばかりである。

人もし雪嶺の背景を知れば、かれの高島評が自然なものではなく、國體の真相を隠蔽するためになされたことを悟るであろう。雪嶺の岳父は幕末の小栗通訳衆のカシラ田辺太一で、また女婿は玄洋社の中野正剛《せいごう》である。つまり雪嶺は國體参謀の一員であった。

わたしが先年たまたま知り合った樺山紀次《のりつぐ》氏は資紀の嫡孫丑二《うしじ》氏の次男なので、試みに問うてみたところ、「そもそも薩摩人は目立ちたがらないが、高島は出たがりの性格だったため、朋輩《ほうばい》（同僚・仲間）との融和を欠いた」という説明を受けた。どうやら高島鞆之助の周辺でも、このあたりが通説らしいが、そんなことをいうなら、紀次氏の曾祖父樺山資紀その人も、同じ伝ではないのか。

高島鞆之助は薩摩下士連合の「三代目総長」

高島鞆之助が日清戦争後に政界から引退したのは、樺山資紀および吉薗ギンヅル（堤哲長の代理人）と組んで、台湾を舞台とする國體事業に専念するため、意図的に政体界を去ったのである。その後の高島が、帝国陸軍で台頭してきた上原勇作をひそかに指導したのは、薩摩下士《かし》連合（薩摩ワンワールド）の初代総長吉井友実から二代目総長を引き継いだ高島が、三代目を上原に譲るためである。

そもそも國體勢力の参謀総長ともなれば、政体界との距離を十分に置かねばならず、そのため要職はもちろん、位階勲等爵位などの昇進も、休止するのが慣行である。このゆえに明治十七年の子爵叙爵からまったく昇進していないことこそ、高島が國體界に移った証左なのである。

高島を総長とする薩摩下士連合の首脳部が、公家の堤哲長と通じていたのは、哲長の六代前の当主堤代長《しろなが》の娘「お千萬《ちま》の方」が島津重豪《しげひで》の子の斉宣《なりのぶ》を産んだことに始まる。島津家を継いだ斉宣の孫斉彬《なりあきら》を、不世出の英主として仰ぎ続ける薩藩下士連合は、斉彬の母系堤家に対する尊敬の念を常に抱いていたからである。

偽装崩御して堀川御所に入られた孝明先帝に仕えるため、偽装薨去した堤哲長は、堀川御所の基金管財人として國體界を支えていたが、政体界に顔を顕すことを避けるため、吉薗ギンヅルに代理させていたのである。薩摩藩京都藩邸の老女として薩藩下士と親しかったギンヅルは、旦那堤哲長の関係で堀川御所にも通じていたから、二つの國體勢力間の連絡役として貴重な存在であった。

誠忠組《せいちゅうぐみ》に維新の断行を命じて偽装死し、欧州アルザスへ渡った英主斉彬の〝遺訓〟をもとに、誠忠組の西郷・大久保・吉井ら薩摩三傑が形成したのが「薩摩下士連合」である。明治維新を主導した薩摩三傑は、維新後は西郷隆盛が偽装薨去して欧州に斉彬のあとを追い、大久保利通が加賀藩士の凶刃《きょうじん》に斃《たお》れたので、残った吉井友実が薩摩下士連合の初代総長となった。

吉井の後継者として薩摩下士連合の二代目総長となったのが高島鞆之助で、堤哲長の代理・吉薗ギンヅルと相携えて台湾事業を統括してきたが、大正五（一九一六）年一月十一日に京都で薨去した。ギンヅルと日高が上京してきたのはその後処理のため、と周蔵は睨《にら》んだのである。

右の人間関係を図示すれば最上階が國體天皇で、その下に國體ファンドの財務総長堤哲長（代理・吉薗ギンヅル）と國體参謀兼薩摩下士連合二代目総長の高島鞆之助が並ぶ。

哲長・ギンヅル組の事業補佐人が日高尚剛で、日高が資本家となって支援した上原勇作がハプスブルク大公家の分流ポンピドー家の女婿となり、國體参謀と薩摩下士連合三代目総長を兼ねるのである。

わたしは以前、吉井→高島→上原のラインを國體参謀総長とみていたが、今は説を改めて、このラインを「薩摩下士連合」の総長で、かつ國體参謀を兼ねたもの、と見たい。

それでは國體参謀総長はだれかというと、陸奥宗光であろう。陸奥が興した古河財閥がジーメンス社と合弁して富士電機を創業するのをみても、陸奥宗光とその父伊達宗広が欧州起源であることが窺えるが、鉱山業に近いことから、出自はハプスブルク家と察せられる。明治三(一八七〇)年に陸奥宗光が「紀州藩欧州執事」としてドイツに赴《おもむ》く不可思議な行動の謎も、これで解けるのではあるまいか。

ギンヅル上京の真の目的

九月の初旬に上京してきたギンヅルには、上原に会う以外にも目的があった。

來たる目的のもう一つは、自分が医専におる頃、二・三年の頃に　婆さんから京都の渡辺なる　婆さんを訪ぬる事　云われた。この婆さんから　相談事あると便りがあった由。そこへ自分を　伴って行くつもりである由。
大本教の實祖父の妾をしておった女と聞くが　もう少し訳があるように覚ゆ。
その婆さんは　至急となっておったらしいが　自分もちょうど　ケシのしあげもあり、今少々の　時をかけさして貰う。
婆さんにも　閣下と会い　三居の威厳をひけらかする時でもある。そう急には動

く様子もなく　京都にたつは十月に入った。

（傍線アリ）

「周蔵手記」の本文は、前章と本章にかけて掲げた。

それによれば、藤根大庭に頼んで、九月の頭に豊多摩郡中野町新井薬師に畑を借り、一方で新宿成子坂《なるこざか》の開業医牧野三尹医師を紹介してもらった周蔵は、九月十二日に中野町字中野九六番地に精神カウンセラー「救命院」の看板を掲げた。

九月十六日、築地本願寺から世話を頼まれた佐伯祐三が訪ねてきて、二十一日には救命院で佐伯とアリバイ日記の打ち合わせをし、二十三日には藤根の紹介で北沢にタバコ小売店を三千円で買った。タバコ小売店を買うことは上原の指示と思われる。

九月二十六日には北海道雨竜郡で罌粟《ケシ》栽培を始めた阪井が、九貫目のアヘンを携えて上京してきた。早速大森の上原邸に届けに行ったら、政体界の要人が集って泰平《たいへい》組合の後処理をしていた。その夜、上原邸で青島《チンタオ》守備軍付の陸軍大佐貴志彌次郎《きしやじろう》と再会した周蔵は、貴志が青島で計画している罌粟《ケシ》栽培について助言を求められた。

佐伯祐三を美校に裏口入学させることを築地本願寺から依頼されていた周蔵は、九月三十日に本願寺の役僧と会い、自分が佐伯の友人としての立場で、個人的に前首相山本権兵衛《ごんのひょうえ》閣下に頼んであることを伝えた。

若松安太郎に紹介された薩摩治郎八少年が、十月一、二日と続けて幡ヶ谷の周蔵宅に来て、周蔵の動向を探ろうとするので迷惑したが、逆らわずに薩摩邸の園遊会に行き、共産主義者の徳田球一を紹介される。

十月五、六日は奥多摩を歩いて薬用植物を捜した周蔵は、十月七日に訪れてきた佐伯と徳田と三人で牛鍋を囲む。

十月八日には銀座資生堂で久原に会い、アヘン代金のロンダリングとして行うタバコ卸の商談を決める。翌九日、父林次郎と義兄の南郷次助が上京してきた。

ざっとこんな具合で、周蔵は十月を迎えるが、この間、ギンヅルの方も日高を連れて上原勇作を訪れたりして忙しかったので、そう急ぐこともなく、京都行は結局十月十日になったのである。

つまり、「周蔵手記」本文の十月十日以降は、アリバイ工作のための虚偽記載なので、例の傍線はこれを示すものであろう。

―――十月九日に東京を発つ

十月九日に父の林次郎が姉婿の南郷次助に伴われて上京してきた。その後を「周蔵手記」の本文は前述した通り、次のように記す。

10月10日から、親父殿の助けを借りて　小菅村に開墾に行く。幸い　空家を借りることができ　助かる。

ところが、「別紙記載」によると、ギンヅルと周蔵が京都に着いたのは十月十日の朝である。だから、二人が東京駅を発ったのは十月九日の昼頃であろうか。

十月九日に林次郎が上京してきたのは、周蔵が京都に行っていることを隠すためで、アリバイを作るための留守番が目的である。だから、十日から林次郎の助けを借りて小菅村の開墾をした、とはむろん虚偽記載で、林次郎が実際に、小菅村に行ったのかどうかも怪しいが、もし行ったのなら、わざわざ南郷次助を伴ってきたのは周蔵の替え玉とするためとみられる。

10月10日　昼すぎ　京都着
三年前　訪ねたるときは、婆さんに云われて訪ぬるも　行きたくもなかったが、婆さんが　自分を　一人前と見たるかどうか　胆だめし　というに　やむなく訪ぬる。
胆だめし　と云っても　はじめ訪ねたるは　御霊前《ごりょうまえ》なる地名であったが　ここは外れとはいえ　市街であり、そこの渡辺なる医師の家であった。

もっとも、医師はとうにおらず、目當の婆さんは　田舎の方に行っておる　と云うに　綾部なる所　まで　訪ぬると　大本教の教祖の住いなるに　大部《ママ》不審を抱いた。

婆さんは「この女からケシに関わる書物を貰って來い」というのであるが　その時は　婆さんの　名を云うと　すぐ渡さる。


右の文が、周蔵が大正三（一九一四）年十月に、京都の御霊前に渡辺なる老婆を訪ねたことを明らかにしたが、「周蔵手記」本文にはそのことを記していない。当然、その時に記した「別紙記載」が存在するのだが、わたしは見せてもらっていない。

三年前にギンヅルから「肝試しに京都に行って来い」といわれた周蔵が、しぶしぶ京都に出かけたことも明らかになった。その折、周蔵は御霊前の渡辺という町医者の家を訪ねたが、医師はとっくに亡くなっており、老婆は綾部に移った、といわれて訪ねていくと、そこが大本教（皇道大本）の教祖出口ナヲの住居であったので、大いに不審を抱いた。

周蔵はギンヅルから、「その老女からケシに関する書物を貰ってこい」という命令を受けていたが、ギンヅルの名を出すと、その老婆はすぐに書物を渡してくれた。

今回は　三居にその婆さんが　相談事ある由。同行して來たるが、自分は　ウィ

ーンに行くも　何一つ　みやげを買って來なかった。買いたくとも　買う程　氣持にゆとりがなかったから　買わなかったが　それを云っては　婆さんから　腰抜けめが　云わるるが　見えておるに　忙しかった　と言い訳す。
なれど　山のように買ったる万年筆を　どうかと云うと　「記念に貰う」と　案外素直に喜ばる。
閣下からも　大分良く云われたらしく　まあ　満足をしてくれたようだ。
せっかく　京都を訪ぬるから　と思い　万年筆を　みやげに　持ってくる。

今回は、あのときの女がギンヅルに相談事があるというので、京都に行くギンヅルに同行してきた周蔵は、最近ウィーンに行ってきたが何一つ土産を買ってこなかった。買おうにも、買い物をするだけの心のゆとりがなかったから買えなかったのであるが、それを言えば、ギンヅルから、例によって「腰抜けめが」と罵《ののし》られることが見えているから、「多忙のために買い物もできなかった」と言い訳した。

ウィーンに潜入した周蔵は正体を隠すために万年筆販売業を称したので、その証拠とするために現地で山のように万年筆を仕入れることとなった。その一本を、「土産です」と差し出すと、ギンヅルは、「それじゃ記念として、一本貰っておこうかい」と、案外素直に喜んでくれた。上原閣下からも周蔵のことを褒《ほ》められたギンヅルは、とりあえず満足してくれたらしい。

周蔵はせっかく京都に行くのだから、あの時、國體罌粟《ケシ》の種をもらった老婆への土産として、万年筆を持参することにした。

堤哲長の情婦・渡辺ウメノの頼み事

その女は渡辺ウメノといい、公家堤家の家女房で、嫡男堤哲長の最初の情婦である。

10月11日
渡辺ウメノ（ウネノ？）なる婆さんは　三居同様　堤哲長なる爺さんの　妾であった由。

哲長爺より　七、八歳上ではないかと　計算す。哲長の世話でもしに　上っておったのか、何の世話係かは　判らぬが　とにかく　哲長の　筆おろしの相手であったらしく　哲長十代の時の　色女らしい。

渡辺なる漢方医の娘であり、哲長が医術を身に付けたるは　この婆さんの手引きであるらしい。

おかしな事で　三居は　妾と云うと厭《いや》がるが　まこと　この女たちは　腹の中で何をたくらんでおるか　さっぱり判らぬから　妾同志《ママ》も　本妻も入り混じって

なかなか　氣《き》が合うらしい。
相談事や　困り事など　連絡を取り合っており、お互い助け合うのである。

ウメノ（ウネノ？）は御霊前の町医者渡辺氏の娘で、公家の堤家に家女房として仕え、嫡男哲長の情婦となった。哲長が漢方の知識を身に付けたのは、ウメノの指導によるものらしい。妾呼ばわりされるのを嫌がるギンヅルが、妾としての先輩ウメノや本妻山本清容院と仲の良いことを周蔵は奇異に感じた。この三人が、相談事や困り事があるたびに互いに連絡を取り合って援《たす》けあっているのをみると、この老婆たちの腹の底は分からないが、たいへん気が合うらしい。

周蔵は、ウメノの年齢を哲長よりも七、八歳上と計算したから、このとき九十七、八歳である。ギンヅルの生年は家族でも知らないが、第一巻『「吉薗周蔵手記」が暴く日本の極秘事項』で述べた天保七（一八三六）年説を採るなら八十二歳になる。

哲長の本妻山本清容院は天保五年生まれの八十四歳で、九年後に九十二歳で他界する（注・第一巻一三〇頁の「井上清容院」は「山本清容院」の誤りです）。

三年の間に　この婆さんの様子も　大分変ったらしく　綾部の大本教を訪ぬると
この家から出でて　修学《ママ》の方におる　とのことにて　所番地を訪《ママ》ぬると　おおよ

そしかわからぬ　とのことにて　地圖《ちず》を書いてくれる。
三居の婆さんに知らせて來ておる所番地も違っており　明日　地圖の所に　訪ぬ
ることとす。

この三年間にウメノの様子にもかなり変化があり、綾部の出口家を訪ねていくと、「もうこの家から出て今は修学院村に移った」という。所の番地も大凡《おおよそ》しかわからないとのことで、地図を描いてくれたが、ギンヅルに知らせてきている住所とも違っているので、とにかく地図を頼りに、明日は現地を訪ねることにした。

10月12日
婆さんを伴って訪ね歩く。自分が一人で捜して來ると云うに、婆さんはきかぬ。
もっとも足腰は　まだまだ　大したものである。捜しあてたる地圖どおり　農家
のような家に住まっておる。

十月十二日、周蔵はギンヅルを連れて修学院村を訪ね歩いた。めざす家は自分が一人で探してくるから待っているように頼むが、ギンヅルは言うことを聞かない。八十も過ぎたというのに足腰はまだまだ丈夫で、二十四歳の周蔵にヒケを取らないほどである。

地図を頼りに探し当てたウメノは、農家のような家に住まっていた。

内容
孫息子が八月に休暇で戻ってくると　肺をやられておることが判り、「もう　自分では　何も　してやれんから　三居に何とか　頼みたか」ということだった。

なる程　三年前に比ぶるに　同一人かと　見まがう程に　老いさらばえて　衰弱しておる。

「医大を　やっと終る所に来て　こげんかことになって」と　薩摩弁を使うて泣かんばかりに　云う。

三居から「何とかなるか」と聞かれ、「牧野さんの専門である」と答うる。


ウメノの頼みごとの内容が判った。医大に通っていた孫が、八月に休暇で京都に帰ってくると、肺結核に冒されていることが判ったのである。「何とかせねばならぬが、もう自分は何もしてやれないので、そなたに何とか頼みたい」と、泣かんばかりにギンヅルに訴えるのである。なるほど三年前と比べると同一人物かと疑うほどに老いさらばえて衰弱している。「医大をやっと卒業したのに、こげんかこつになって」と、なぜか薩摩弁で言う。

そのウメノの面前で、ギンヅルから、「何とかなるのか?」と問われた周蔵は、「結核は牧野先生の専門だから……」と答えた。「何とかなるだろう」との意味である。

周蔵、〝いとこ〟の渡辺政雄に逢う

ウメノと別れて修学院村を辞した周蔵とギンヅルは、そのあと孫息子の下宿を訪ねた。

それから又、その孫息子を訪ぬる。肺が悪いというが、まだ太っておるし、そう心配したものでもないように　思ゆ。

ウメノの孫息子は渡辺政雄といい、母はウメノの娘である。肝心の結核は、「本人がまだ太っているし、そう心配するほどのものでないだろう」と、周蔵は見立てた。

三居も　何たくらむか判らん　怪し氣な婆さんだが　この渡辺なる婆さんは　もっと　余程《よほど》怪しい。
孫息子をあずけたる家は　佃煮や干物などを　扱う店を　花街の方に　出しておるらしいが　何より　変《かわ》っておるは、下宿も　離れの間借《まがり》も　支那人が多い　とのこと。

―この孫息子は「支那人以外　見た事がない」と云う。―

周蔵は生来の感覚で、かねがねギンヅルをわが祖母なれども怪しい婆と疑っていたが、渡辺ウメノは、もっとずっと怪しいと実感した。

そもそも渡辺家は医者の家系であり、その娘のウメノ自身が哲長の医薬の師匠である。おまけに、当人の政雄は医大を出たのだ。

周蔵は、「医学に素人《しろうと》の自分でも見当がつく、この程度の結核の病状の判断がつかぬはずはない。これには何か隠した目的がある」とにらんだのである。この周蔵の勘が正しかったことが、しだいに分かってくる。

ウメノが孫息子の政雄を預けた下宿屋は、商売としては佃煮や干物などを扱う〝珍味屋〟を花街に出しているらしいが、風変わりなのは、貸間も離れも借り手に支那（中華民国）人が多いことである。政雄は「うちの下宿では支那人以外に見たことがない」と言う。

ウメノが政雄を預けた家の所在は未詳であるが、鞍馬口《くらまぐち》（京都市上京区上《かみ》御霊《ごりょう》中町《なかまち》）あたりと推察するのは、今もってそのあたりに、周恩来寓居の噂《うわさ》が流れているからである。もっとも、京都人は周恩来の京都寓居説が好きで、その址《あと》を称するところが一箇所ではない。

―呉なる大男がとくに目立っておるようだ。呉（ゴと云う。クレではない。ゴタツ―

カク）と云うらしいが、　この人物　満人《まんじん》にて　大道芸人たる様子の大男にて　武芸に長《た》けておるようだ。

これら支那人に間借りされると　間貸としては　「盗人に貸した軒を　主《おも》やまでとられる」の　たとえのようらしく、　嫁をとったかと思うと、　支那から來《きた》る友人を引っぱり込んで　下宿代は　一人分しか　払わんらしい。


政雄の下宿人で、とくに目立つのは呉達閣《ごたつかく》という満人の大男である。

ちなみに、「満人」には二つの意味があり、①族種としての満洲族、あるいは、②満洲（東三省）に棲む満洲族・蒙古族または漢族を意味するが、当時の日本人はその区別がつかず、またそんなことを一向に気にしない風があったから、二つの意味が生じたのである。

原籍が直隷省永平府楽亭県（現在の河北省唐山市楽亭県）の呉達閣の出生地は吉林省（同・長春市九台《きゅうだい》区）である。族種的には満漢の混血となるが、これは表向きであって、その驚くべき実情はのちに明らかにする。

この「別紙記載」は、周蔵がたまたま呉達閣と出会ったように記すが、実情は異なる。

吉薗家伝によれば、折から罌粟《ケシ》栽培の研究に懸命の周蔵が、三年前に國體罌粟《ケシ》の種をくれたウメノに会ったのを機会に、「罌粟《ケシ》の種類の見分け方について詳しい人を紹介してほしい」と頼んだところ、「それなら、こちらハンがえろう詳しいんでな、よう教えてもらいなはれ」といい、紹介してくれたのが呉達閣だった、というのである。

天津南開《なんかい》中学を出て大正五（一九一六）年に来日、翌六年に第一高等学校予科に合格した秀才がなぜ罌《ケ》粟《シ》栽培に詳しいのか。周蔵でなくとも疑問を抱くであろう。

ウメノから紹介された呉達閣は光緒二十＝明治二十七（一八九四）年生まれで、周蔵と同じ二十四歳で生日も五日しか違わないが、学生の分際《ぶんざい》で妻帯しているばかりか、居候まで置いていた。

一昔前の和式住宅では、貸間も離れで、入居者について家主の了承が必要だったのは、家主が負担する維持費が、入居者の人数によって増加するからである。それを無視して無断で友人を引っ張り込む支那人の厚顔を批判する政雄は、口吻《こうふん》からして大家の親戚らしいが、呉達閣の居候とはかなり親しいようであった。

しかし　この下宿人の所に居る居候は　そう厚顔でもないらしく　それなりに自分で礼を尽くす　との事。人品いやしからず　と云った風情とのこと。
この孫息子　大分　この居候と親しいらしい。
三居は　渡辺の婆さんの様子を見てから　勝手に薩摩に戻ると云うに　自分はここで別るる。
孫息子の事だけ　承知す。

呉達閣の居候は一般支那人のように厚かましくなく、それなりに礼を尽くすという。「人品卑しからず」という風情とまで褒《ほ》める政雄は、その居候と相当に親しいようだ。
ギンヅルは、「しばらくウメノの様子を見てから、好きな時に薩摩に戻る」というので、政雄の面倒だけはたしかに見ることを引き受けた周蔵は、ギンヅルとは別れ、以後はその下宿屋に滞在していたようである。

政雄の結核は東北の医専に由来

堤哲長の孫というから、周蔵にとってはいとこにあたるウメノの孫息子は、周蔵より一歳くらい年上のようだ。その孫息子をギンヅルたちは「マサオ」と呼ぶが、字はどうなのか、聞いていない周蔵は、「征夫かな?」などと推量したが、実際は「政雄」である。

渡辺マサオ（征夫?）　字は　まだよく判らぬ。
自分とは　「畑違いの孫同志《ママ》であるし　親しみを持つように」、と婆さんから云わる。
血が同じであれば　親しめると云うものでもあるまいに。ただし　この人物　お

となしく　しかし　よくきくと　仲々の　したたかである。

公家の堤家に仕えていたウメノは、妊娠すると宿下《やどさ》がりして生まれた娘を「この娘の父御《ててご》は哲長さまや」と言い通した。

林次郎の異母姉妹にあたるその娘が生んだ政雄は、たしかに周蔵のいとこである。「畑違いのいとこであるから仲よくせよ」とギンヅルから言われても、何となく違和感をおぼえた周蔵は、「孫同士だから気が合う、というものでもないだろうに」と反発したくなったが、政雄の周囲も全員がウメノの言の通りに、政雄を哲長の孫として扱っていた。

ところが、上京して面倒をみるなかで親しくなった政雄は、周蔵に「わが祖父は哲長ではなく、実はウメノの実兄である」と明かし、「ウチらの種族は血統保存が目的で近親交配する」と説明した。

その辺りの事情は、本シリーズの第一巻『「吉薗周蔵手記」が暴く日本の極秘事項』に述べたが、後で詳しく述べることとしたい。

婆さんは「まだ医師になれておらぬ」と云っておるらしいが　免許の取得は　しておる由。
外科との事。

しからば　何故に　それを　かくしておるかと云うと　大本教にまき込まれたく
ないとのこと。
そこまで云うと　黙るに　あまり深く聞くことはせぬ。

政雄本人はおとなしい人柄とみえたが、よく聞いてみると、相当したたかな所がある。ウメノは周囲に、「孫はまだ医師免許が取れていない」と言っているが、政雄は、「実は自分はすでに外科医の免許を取得している」と周蔵に明かした。「なぜ隠すのか？」と聞いたら、「婆さんの大本教に巻き込まれるのが嫌やから」と答えるだけで、その先を言わないから、それ以上は聞かぬことにした。

まずは「肺の病氣を早く治してやらねば」と　思ゆ。
医専を北にしたために　風邪をひくこと多く　また婆さんに　金の援助を　頼む
を　強力《ママ》避けたるために　少々無理をしたる由。

とりあえず肺結核の手当てを早急にしてやらねば、と周蔵は思った。政雄は医学を学ぶ学校を東北にしたため、寒い土地でたびたび風邪を引いたし、また学資をウメノに頼むのを避けるため少々無理をしたから、結核になった、という。

大正六（一九一七）年に政雄が卒業した〝医大〟とはどこであろうか。吉薗家に伝わるのは、医学生時代の政雄が私立岩手医学校の創立者三田俊次郎の家族の女性と同棲していたことである。

明治三十（一八九七）年に私立岩手病院を創設した三田俊次郎は、これと関連して私立岩手医学校を明治三十四（一九〇一）年に設立したが、同校は同四十五（一九一二）年の学制改革で廃校となり、十六年後の昭和三（一九二八）年になって、ようやく私立岩手医学専門学校として設立が認可された。

したがって、政雄が大正六年に卒業したのは三田氏経営の医学校ではない。周蔵と同年か一歳ほど上とみられる政雄が医専に入学したのは、明治四十四、五年あたりである。とすれば、明治四十五年の学制改革で東北帝大に吸収されて同大学医学専門部となった仙台医専と推察するのが合理的である。当時の医学部は四年制だから、大正二年に専門部から医学部に進学した政雄が大正六年に東北帝大医学部を卒業した、と考えられる。

想像するに明治四十五年ころに仙台医専に入学した十九歳前後の政雄が、仙台で縁あって知り合った三田俊次郎の娘か姪と結婚した。三田俊次郎も承知で、入籍した政雄を後継者として期待したが、その進路に異議を唱えたのが政雄の学資を出した大本教だったのではあるまいか。

そもそも、ウメノが孫の政雄に医学を学ばせたのは、いとこの上田吉松《きちまつ》と鬼一郎《きいちろう》（槇玄範《まきげんぱん》）・鬼三郎《おにさぶろう》（出口王仁三郎）の父子と謀《はか》って開教した大本教（皇道大本）のためである。つまり教団内での医療活動を期待した大本教が政雄の学資を出したが、政雄が三田氏の女婿となって東北の地域診療に逸れてしまってはアテ外れである。

大本教の意向を汲んだウメノの反対で、やむなく三田氏令嬢と別れた政雄は、大本教のヒモ付き学資を断ったために、自分で学費を稼ぐため無理なアルバイトを重ねたことで身体を壊したものとみてよいだろう。

■人品卑しからざる居候は「周恩来」と名乗る

周蔵が政雄の部屋で、この「別紙記載」を書いていると、呉達閣の居候が勝手に入って来て、周蔵の手許をのぞきこんだ。

「ああ日記ですか。良いことですね。ワタシもこれからは、そうしなくちゃね」と語るその態度にいささか気品がある。日本語もこの程度は十分話せるらしい。妻帯者の呉達閣に居候する身として同じ部屋にしょっちゅう寝転がってもおられないから、かねて誼《よしみ》を通じている政雄の部屋に挨拶なしに入ってきたのである。

これを書いておると　「日記をつけるは　良い事なり。自分もそうしようかと思う」と　他人の物　のぞきこんで　声をかけたる　人物がおる。孫息子と　大分

――懇意であるらしい　支那人の　居候なる人物　周と云う。――

中国人は二つの名前がある。諱《いみな》が本名でほんらい公式な場合しか使用せず、ふだんは字《あざな》を用いたのは、諱で呼びかけることは親や主君などのみに許され、それ以外の人間が呼びかけることは極めて無礼であると考えられたからである。

だから、中国人の習慣では「諱」を用いることはめったになく、ふだんは「字」で呼び合っていたといわれるが、それは解放前のことである。現代では諱しか用いないから、アザナはまさにアダナのようなものである。

呉が周蔵に名乗った「達閣」は、そのどちらなのか。ウィキペディアでは、呉の諱は「瀚《かん》濤《とう》」で字は「滌愆《できけん》」、達閣は別号とある。その別号なるものが諱か字かよくわからないが、諱は二つありえないから、やはり字であろうか。だが、もし諱として用いたのなら、偽名になるはずだ。

このとき「周」と名乗った居候こそ誰あろう。諱は恩来、字は翔宇、すなわち後の中華人民共和国総理の周恩来である。天津南開中学で呉達閣と同級だった周恩来は、一八九八（明治三十一）年三月五日の生まれである。佐伯祐三と同年の二十歳で呉達閣よりも四歳若いが、早生まれだから日本の学制では三年下になる。もっとも、達閣の年齢については後述するようにウラがあり、二歳サバを読んでいたとすれば、周恩来は学年では一年下になるが、一年飛び級したから同級になったのだ。

呉と周に並ぶ「南開三羽烏」の一人として後に出てくる王希天《おうきてん》は、一八九六（明治二十九）年八月五日生まれで、呉達閣と実際は同年で、周恩来より学年では一歳上である。

長春県立第一高等小学校を卒業して一九一二（大正元）年に吉林第一中学に入学したが、学校紛争により一九一四年秋に退学し、天津南開中学へ転校したことを、吉林中学同窓の孫宗堯が証言している。王希天は一九一五（大正四）年に渡日し、二年後の大正六（一九一七）年に第一高等学校予科に入学して官費給費生になる。

推定生年では王希天と同じ一八九六年生まれの呉達閣は、幼時は自家で自修し、一九一二（大正元）年に吉林省立一中へ入って王希天と同期生になった。翌一九一二年に転校した天津南開中学に一九一六（大正五）年まで在籍したので、一九一四（大正三）年に同校に転校してきた王希天とまたも同期生になり、その後、大正六年に一高予科に合格したので三度目の同期になった。

一九一三（大正二）年八月に南開中学に入学した周恩来と、大正三年秋から四年まで南開中学に在籍していた王希天とは当然顔なじみである。

評伝『周恩来』を書いた英国人ジャーナリストのディック・ウィルソンによれば、南開中学で志を同じくする六人が義兄弟の盟を結んだ。その六人の姓名をウィルソンは周恩来と呉達閣を除いて明記しないが、ネヴァダ大学教授マユミ・イトー（伊東真弓）は、それを王樸山・王

大正八年撮影、二十二歳時の周恩来

周恩来の二歳年上とされる王希天

希天・童啓顔・張鴻（言告）・陳鋼・張瑞峰のいずれかと推定している（『現代日中関係の起源』）。王希天はもとより、王樸山もまず固いところであろう。

大正六年六月に天津南開中学を首席で卒業した周恩来は、学資の問題があって来日が遅れていたところ、前年に渡日した同級生呉達閣が南開同学（同窓）の学友に呼びかけて学費を集め、周の来日を促したので、九月になってようやく来日を果たしたのである。

呉達閣の呼びかけに応じた学友の中にいた王希天は、吉林一中で呉達閣と同期生のうえ、渡日後の呉・周との密接な関係を見れば、「六人の義兄弟」の一員であることは間違いない。にもかかわらず、南開大学教授王永祥と創価大学教授高橋強との共編著『周恩来と日本』の第三章で、「周恩来は、東京で吉林から来た王希天と知り合った」とするのが不自然で、また興味深い。

このような主張に接すると、現代中国の政体に、周恩来と王希天・呉達閣の関係を隠蔽したい事情があると感じられるから、その項の執筆者の廖永武に、その根拠をどうしても糺《ただ》したくなるのである。

京都の大学に行く資格あるも

さて、周恩来の行動記録の謎として、このほかに京都での学校問題がある。「別紙記載」の続きは下記のとおりである。

京都の大学に行く　資格あるも　行かず、毎日　見物して遊んでおる由。まるで石光さんと　同じようだ。多分　日本を偵察しておるので　あろうか。

民国の日本留学生は多くが私費生だった。官費制度もあったが政府が指定する日本の公立学校に入学せねばならない。第一から第八までの旧制高校のほか、東京高師・東京高工・千葉医専など指定校のすべてが当時の一流校ないし準一流校であるから、民国から来た学生がブラブラ遊びながら合格するのは容易ではない。

官費生をめざす周恩来は、翌春の指定校入試を目指して一刻も早く日本語を習得すべく予備校に通うべき立場にありながら、秋も深まる十月というのに京都の下宿に居候していたのは、何か特別の目的があったのだろうか。

これを考えるために、後に出す「矢吹解説」の一部を以下に掲げる。

呉は周恩来に当時、京都帝大経済学部で教鞭をとっていた河上肇の思想を通してマルクス主義を紹介し、京都大学入学を勧めたらしい。

周恩来も神田の住所で願書を書いたが、「提出の有無は不明である」とのウィルソンの所説を、第二説とする。

ハン・スーイン（韓素音。中国出身の混血の著作家、医師）著の『長兄』は、「周恩来は京都大学の聴講生になりはしたものの、時々授業に出ただけ」と言い、折から京大でマルクス主義を宣伝していた河上肇との関係に注目する。

これはウィルソン説の祖述とみてよいが、平成十四（二〇〇二）年に刊行された創価学会系周恩来伝の『周恩来と日本』で、共著者の創価大学助教授川崎高志は、「いかなる形でも京都大学に入学していない」という。

しかし、同著第七章に述べる川崎高志の説に、ウィルソン説の根拠と考えられる譚がある。京都北郊山口村の山林業太田貞次郎は戦時中、野菜などを京都市内の親類知人に配っていたが、昭和十九（一九四四）年秋に一軒から礼に貰った和紙の束に墨色良く字体も見事な書付《かきつけ》があり、しまっておいた。戦後復員した長男が見ると、それは周恩来の署名がある履歴書と京大入学願書で、昭和五十四（一九七九）年に来日した周未亡人が真筆と認めた。

願書は京大法学部の政治経済科選科に入学するためのもので、時期を大正七年としてあるが日付を記入していないので、七年春の入学試験のために準備したものと分かる。住所は「東京市神田区　表猿楽町《おもてさるがくちょう》三番地　竹村方」としており、これは来日して間もない大正六年秋に住んだとされる地域である。

七年春に東京高等師範と一高に不合格になり、いったん帰国した周恩来は、秋に再び来日して京都に戻った、と推定される。この推定と矛盾するのが周恩来自筆の「旅日日記」の受発信記録で、これについては後述するが、わたしの推察では京都の呉達閣の借家を本拠として東京と往来していた周恩来は、四月に「雨中嵐山」の詩を残して帰国したのである。

この願書下書きは作成と保存の経緯が未詳であるが、あえて推察すれば、周恩来が、

①京都の下宿で書いてそのまま残したのか、

②上京後に神田猿楽町の友人下宿で書いたものを、再訪した京都の呉達閣の下宿に持参したか、

③九月に一度上京した周恩来が、「神田区表猿楽町三　竹村方」でこの願書を書き、再び京都に来て居候した呉達閣の下宿に置いてきたか、

ということになろう。

①とすれば、この下宿を住所の「神田区表猿楽町三　竹村方」は上京後に転がり込む予定の友人下宿の住所であろう。ところで、前掲著の第四章で川崎高志は、大正七年一月十日から二月一日にかけて周恩来が下宿していた「神田区中猿楽町三　松沢方」と主張するが、誰が見ても「表」と「中」は違うし、「竹村」と「松沢」も異なると思う。

②とすれば、周恩来が大正七年の春に下宿していた「表猿楽町三番地　竹村方」で書いたものを、秋に再来日して転がり込んだ呉達閣の借家に持参したまま、残してきたことになろう。

③は、私の考える周恩来の足取りの延長で、周恩来が二人いたことを前提とした仮説である。

いずれも謎を含む一長一短の仮説であるが、わたしは下記のようにこれを解決した。

まず、当時の帝国大学に「選科」という制度があり、規定の学課の一部のみを選んで学ぶ課程で本科に準じるものとされ、帝国大学では本科の欠員を埋め合わせる形で募集が行われた。

修業年限は本科と同じく三年で、本科のように旧制高校の卒業資格を要求されず、旧制中学修了で入学できたが、学校図書館の利用でも制限を受けたりもした。修了しても学士号が与えられなかったが、入学後に「専検」や「高検」に合格すれば本科に転じることでき、在学期間を通算して三年で本科を卒業することができた。

選科出身の有名人は東京帝大選科を出た西田幾多郎《きたろう》で、文学者の菊池寛や島崎藤村も選科出身である。わたしが記憶に残るのは、昭和四十年代にTBSの会長だった今道潤三《いまみちじゅんぞう》（一九〇〇〜七九）で、かれを悪評する書物（タイトル忘却）が京都帝大卒の自称を学歴詐称として非難していたが、結論は京大選科を出たということだった。いまウィキペディアを見るに、大正十四（一九二五）年京都帝大卒となっているから、これが正しいのだろう。

南開中学卒でも入学資格があった京大の経済学部選科を受験することを、呉達閣が周恩来に勧めたのは事実であろう。学位取得を目指さず日本社会の観察のために派遣された周恩来は、旧制高校の特別予科や高等師範に入らなくともよいのだから、選科に入れと勧めたのだ。

当時爆発的人気のあった河上肇の講座にモグリ聴講生が絶えなかったことが、今に伝わって

京都大学でマルクス主義を宣伝していた河上肇

京大校舎の時計塔、大正14年撮影

いる。周恩来も現実に一、二回、河上肇のマルクス理論を聴くために、京大へ行ったのだ。むろん、モグリ聴講である。

このことを聞いた周蔵が、「大学へ行く資格あるも……」と勘違いしたと解釈すれば、合理的ですべて筋が通るのである。来日直後の大正六年九月に京大の選科をモグリ聴講した周恩来は、七年に選科を受験しようと考え、東京の下宿でこの願書の下書きを書いたものの、結局受験せず、七年秋にもまたモグリ聴講をしたのではなかったか。

河上肇のモグリ聴講を周恩来に命じたのはおそらくポンピドー牧師で、後日のために周恩来をマルクス理論の雰囲気に触れさせることであった。正式に選科に入学するには翌年まで待つ必要があるし、そもそも全講義を聴講する必要もないのだが、モグリ聴講のごときは中国人としてメンツに関わるので、留日仲間には隠したのである。京都滞在を語らなかった理由がそれであろう。

いずれにせよ、この「願書の下書き」は、「別紙記載」の史料価値を立証しうる状況証拠なので、わたしとしては感動的である。

第三章

ギンヅル・周蔵の京都行の背景

京都行の真相

ここらで、ギンヅル京都行の背景と目的を明らかにしよう。

それは取りも直さず周蔵の京都行の真相でもあるが、これを説明するには、まず周恩来と呉達閣を説明せねばならない。

ギンヅルが周蔵を京都に連れて行った本当の目的は、周蔵を周恩来と呉達閣の両名に引き合わすことであった。むろん、渡辺政雄を大本教の束縛から救出する一件もあったが、世界史的には、この両人との遭遇の方がより重大であることは言うまでもない。

こういえば、「これがそんなに大事なことか、法螺《ほら》もええ加減にせんかい！」などと叱声を被るかもしれぬが、そうでないことを証明するに、まずギンヅルと、その背後の堤哲長から説き起こさねばなるまい。

さて、この時の京都行を機に周蔵が会ったのは、大正三（一九一四）年から第十九旅団長を務めていた陸軍少将高島友武であった。第十九旅団は京都を本拠とする第十六師団の隷下で、その司令部の所在は、現在の地番では京都市伏見区深草藤森町《ふかくさふじもりちょう》で、現在は国立京都教育大学の敷地である。

ギンヅルの國體事業のパートナーであった子爵高島鞆之助は、京都嵐山の渡月橋《とげつきょう》の畔にあった養嗣子友武の邸に滞在していたが、この一月十一日に薨去した。高島鞆之助に関する要件でギンヅルの使いとして高島友武と会った周蔵は、その折にギンヅルの噂《うわさ》を聞いたとみられる。

それは後にも出てくるから、ご参照いただきたいが、その中に出てくる「暮らして來ており……」という現在完了進行形の表現には、哲長が今も生きている雰囲気がある。一方、「操を立て通した……」という表現は過去完了形であるが、貞操という概念の性質上から過去のこととみれば、時制として矛盾はしない。

堀川御所の孝明先帝に國體財務官として仕えるため明治二（一八六九）年に偽装死した堤哲長は、当時九十歳にして存世で、妾のギンヅルを表に立てて國體資産を管理運用していた。ギンヅルの言動はすべて哲長の指示を受けていたので、時には辻褄《つじつま》の合わぬように見えたのは無理もない。哲長が偽装薨去した時に、すでに六歳であった林次郎は、実情をおよそ察して諦観に生きたが、それを知らない周蔵は、哲長の指示を受けて説教するギンヅルを、口喧《くちやかま》しい婆として敬遠するようになったのである。

■高野長英は哲長配下の「國體アヘン管理人」

ワンワールド國體の参謀として堤哲長（一八二八〜六九・偽装死）と対比すべき大物が高野《たかの》長英《ちょうえい》（一八〇四〜五〇・偽装死）で、水沢キリシタン衆の首頭として國體罌粟《ケシ》を掌握していたのである。

水沢キリシタンの柱は後藤・高野・椎名の三家であるが、先祖の後藤寿庵《じゅあん》（一五七七～一六三八・偽装死）は、本名岩淵又五郎で盛岡葛西《かさい》氏の一族であったが、主家が豊臣秀吉によって滅亡したので慶長元（一五九六）年に長崎に遷《うつ》り、キリシタンとなって五島寿庵と称した。その後、伊達家の家臣後藤信康の家を継いだ寿庵は、領地の水沢見分《みわけ》村を開墾するため、大規模な用水路「寿庵堰《じゅあんぜき》」を造った。

大坂の陣で伊達政宗の鉄砲隊長を務めた事績などを見るに、ウバイド系の波動・幾何系シャーマンと思われる寿庵が、キリシタンであることは何を意味するのか。そのキリシタンも長崎で新たに入信したものでなく、古来の水沢キリシタンの家系とみるべきフシがあるが、ここでは立ち入らない。

慶長二十（一六一五）年に支倉常長《はせくらつねなが》を引見した教皇パウルス五世が、元和六（一六二〇）年に水沢キリシタンに送ってきた信書に対し、翌年に十七人の筆頭人として返書を出したのが後藤寿庵である。将軍家光が発布したキリシタン禁令に対応するため、偽装死して姿を消した寿庵が、渡欧してローマ教会に潜入したことを、わたしは京都皇統から教わったが、これから考えると水沢キリシタンの首脳部は、ほんらいウバイド系コスモポリタンで、國體参謀としてローマ教会に潜入したとみるべきであろう。

後藤家から出た高野長英はいうまでもなくコスモポリタンで、早くから秘密渡欧の経験を重ねていたが、シーボルトの弟子となり「蛮社《ばんしゃ》の獄」で入獄すると自ら脱獄を謀《はか》って成功した。その後は真田医学のネットワークを伝って諸処に潜伏するが、嘉永三（一八四九）年、幕吏に追いつめられた際に、自害したとされる。死亡原因には自害のほか諸説があるが、真相は偽装自殺して欧州に渡ったと聞くから、幕府内に占有していた仲間の支援によるものとみられる。

真田流仙台医学の首頭として國體アヘンの管理人だった高野長英は、堤哲長が偽装死した明治二（一八六九）年には六十五歳で生きており、その後は堤哲長の指示のもとに國體のアヘン政策を練ったのは、アヘンの種類に応じた戦略が必要とされたからである。

罌粟《ケシ》には「政体罌粟《ケシ》」と「國體罌粟《ケシ》」があり、前者から作られる政体アヘンの主用途は鎮痛と、鎮静作用を利用した逆説的精神高揚であるが、後者から製造される國體アヘンは、精神を落ち着けて思考を鋭敏にし、延命に著しい効果があるから、世界の権力者の垂涎《すいぜん》の的であった。

哲長の命令を受けた長英が、両種のアヘンを混同させたのは意図的で、國體アヘンの秘密を守るために分別しにくくしたのである。長英の衣鉢《いはつ》を継いだのが義甥の後藤新平で、國體アヘンに関する混乱した情報を整理するため、周蔵に協力を要請したのである。

後藤新平が周蔵を呼び出したのは、いつも四谷の城西教会か中野・上高田《かみたかだ》のメソジスト教会だったと伝わるが、現在、日本キリスト教団中野教会となっている上高田教会の創建は大正十二年と聞くから、二人がそこで会ったのは後のことで、当初は「城西教会」だったと思われる。

城西教会は、明治十七（一八八四）年に四谷区四谷伝《てん》馬町《まちょう》一丁目（現・新宿区四谷一丁目）

の借家に日本美以美会（日本メソジスト・プロテスタント教会）四谷教会として設立され、翌年には牛込区東大久保（南豊島郡東大久保村か）に分教会の大久保教会を設立。明治二十一（一八八八）年に四谷坂町（現・新宿区坂町）に教会堂を建て、献堂式を行った。

そこで周蔵に何度も会った後藤新平は、「わが家は代々の隠れキリシタン」と明かしたうえ、周蔵が進めている國體アヘン研究の成果の譲与と今後の協力を懇請したが、上原勇作の直属を自任する周蔵は上原に忠義を尽くすために後藤の要請を断った、とのことである。

堤哲長・ギンヅルのラインで國體罌粟《ケシ》を掌中にした上原に対し、高野長英の衣鉢を継ぐ立場にありながら、管掌分野が政体罌粟《ケシ》に限定された後藤新平は、何とか國體罌粟《ケシ》を掌中に収めようとしたが、上原の「草」として外部の指示に従わないと決めていた周蔵は、後藤の求めに応じなかったのである。

仙台医学系の國體奉公衆は、室町時代以前からすでにコスモポリタンであった。高野長英を継いだ義甥の後藤新平ももちろんコスモポリタンであった。周蔵に会うときは、いつもメソジスト教会だったのは、ポンピドー牧師と親しかったからである。

つまり、後藤新平はポンピドー牧師を介して上原勇作とも親しかったわけで、ここに後年の「別紙記載」に記す原敬《はらたかし》暗殺の筋道が見えてくるが、同じコスモポリタンとして共同謀議により、原敬の暗殺をもたらした上原勇作と後藤新平の仲であっても、罌粟《ケシ》利権をめぐる争いは避けられなかったのである。

一方の堤哲長は、前妾の渡辺ウメノを通じて國體アヘンの伝授を受けていたが、後妾の吉薗ギンヅルからも岩切家に伝わる政体アヘンを学んでいたので、双方に通じていた。周蔵は哲長の孫として渡辺ウメノから、國體罌粟《ケシ》の黒い種子と國體アヘンの利用ノウハウを受け継いだのである。

罌粟《ケシ》により結ばれた哲長と長英の関係を引き継いだのが、上原勇作の帝国陸軍と後藤新平の内務省の関係であるが、そもそもその淵源《えんげん》はワンワールド國體にある。

ワンワールド國體は、欧州國體の根源であったスコットランドのケルト王統が世界史の進行の中で衰微したので、天孫皇統の有間皇子がフランク王国に入ってカロリング王朝を建てるが、やがて衰微すると、再び支援するため、南北朝時代に持明院統の伏見宮治仁王が渡欧してハプスブルク大公家を建てた（詳細は本シリーズ第三巻『日本皇統が創めたハプスブルク大公家』をご参照されたい）。

ハプスブルク伯爵エルンスト鉄公に〝背乗り《はいの》〟した治仁王と、ポーランド王女ツィンバルカ・マゾヴィエツカの間に生まれたフリードリヒⅢ世（一四一五～九三）は後花園天皇（一四一九～七一）と同時代人で、オーストリア大公ハプスブルク家となり、神聖ローマ皇帝となった。ちなみにフリードリヒⅢ世が用いたサインが、AEIOU《アエイオウ》の五母音であることが何を意味するか。これは本稿の読者のみが感知することと思う。

フリードリヒⅢ世が周到に準備したうえ欧州に迎えた大塔宮護良親王の王子・王孫が、ひそかに建てたのが欧州大塔宮家で、オランイェ＝ナッサウ家となり、これから出たヴュルムI世がオランダ王国を建てる。

これらの詳しい経緯はわたしには未詳であるが、京都皇統には詳細な記録があり、その一部を伝えられて作成した系図を、第三巻『日本皇統が創めたハプスブルク大公家』の巻末に掲載したから、ご参照ありたい。

ここに欧州のワンワールド國體は、①欧州大塔宮系ベネルクス三国および、その分流の英王室と、②治仁王系のハプスブルク大公家が二本柱となって、キリスト教文化共同体としての欧州國體を守ってきたのである。

都城藩士上原勇作は、堤哲長の妾（本人は「命婦《みょうぶ》」と称した）吉薗ギンヅルの甥に当たることから、國體天皇によって抜擢され、砲工将校としてフランス留学を拝命し、フォンテンブロー砲工学校に入学したが、在仏中にアルザスのハプスブルク系ポンピドー家の娘ジルベールと秘密裡に結婚して、遠縁ながらハプスブルクの女婿となったのである。

統合ワンワールド國體が、メソジスト教会を通じて入れた國體資金で建てたのが天津南開学校で、これを動かしていたのが欧州國體の天津担当ポンピドー牧師である。ポンピドーは、上原の密妻ジルベールの兄で、ジルベールと上原の間に出来た娘を連れて来日し、青山教会の〝頭〟となっていた。

ポンピドーが天津を拠点に日本を睨《にら》んでいたのは、日本でコスモポリタンを養成するためであった。ポンピドーが陸奥宗光の子の元ベルギー駐在公使の伯爵陸奥広吉と通じていたのは確かであるが、そのゆえんは、陸奥宗光の父で紀州藩勘定奉行だった伊達宗広の出自がハプスブルク家だからである。

ハプスブルクは鉱山業から起こっているが、陸奥も鉱山業に通じ、その子が古河市兵衛の養子となって継いだ古河鉱業が、のちにジーメンス社と合弁で富士電機を創立する消息が分かる気がする。

天津南開中学は、欧州國體がメソジスト教会を通じて実質的に創立した学校で、志士学生を養成して日本の高等教育機関に留学させたのである。欧州國體とメソジスト教会および天津南開中学の関係は、あたかも幕末の伏見宮禅楽《ぜんらく》親王と青蓮院《しょうれんいん》および京都学習院の相似象であった。欧州國體が単身南開中学に与えた使命は、中華大陸に近代的統一国家を建てるための志士養成であるが、それだけではない。志士の一部を日本に残留させて日本人コスモポリタンと連携させ、日本の国際化を進める目的があったのである。

ポンピドー牧師の〝義弟〟上原勇作が、ハプスブルク系欧州國體の動きに呼応したのは当然である。その上原を背後で操っていたのが、吉薗ギンヅルと堤哲長が属する堀川國體なのか、ハプスブルク系欧州國體なのかは未詳だが、判断に迷う必要はない。その理由は何か？

ハプスブルク大公家が婚姻政策により形成してきた欧州王室連合のうち、欧州大塔宮家から入った閑院宮典仁《すけひと》親王の皇子が光格天皇になったとき、「欧州王室連合と天孫皇統が統合されて、統合ワンワールド國體となった」からである。そして、統合ワンワールド國體のトップとなったのが光格↓仁孝↓孝明↓睦仁と下る、四代孫の堀川辰吉郎であった。

これが答えである。ここが最も肝心なのであるが、周蔵すらそのことをもなかなか呑み込めなかったのは、ワンワールド國體の秘密がよほど厳重に守られたからである。

天津南開中学は京都学習院の相似象

大正六（一九一七）年秋に京都の呉達閣の下宿で居候していた周恩来のことを、周蔵は、「別紙記載」に一行だけ記した。周蔵は夢想もしていなかったが、その一行こそ、世界史につながる驚くべき秘密を、百年後に暴露するきっかけになったのである。

そもそも周恩来と呉達閣は、なぜ京都に滞在していたのか？

それを理解するには彼らの母校たる天津南開中学を理解せねばならない。前述とやや重複するが、これまで常識になかったことの理解を深めるには、これ程度の重複がむしろ必要と思うので、ご宥恕いただきたい。

天津南開中学の起源は、明治三十七（一九〇四）年に清国海軍士官張伯苓が日本を視察して、帰国後に教育家厳修の協力を得て開校した天津敬業学堂《けいぎょうがくどう》で、キリスト教メソジスト派から入った資金によって発展した。

明治三十九（一九〇六）年には天津南開学堂と改称して日本の学制に合わせ、大正元（一九一二）年にはカリキュラムを日本の中等学校に合わせて、校名も天津南開中学とし、数多くの卒業生を留学生として日本に送り込んだ。

ようするに、メソジスト派を通じて統合ワンワールド國體の指示を受けた張伯苓が、厳修を表看板として創設したのが天津南開学校である。これあたかも、朝彦親王の命を受けた矢野玄道《やのはるみち》が、三条実萬《さんじょうさねつむ》を表看板として創設した京都学習院の相似象である（京都学習院については拙著『国際ウラ天皇と数理系シャーマン』参照）。

メソジスト教会の天津・東京担当となったポンピドー牧師はハプスブルク家の分流であるから、その背後勢力を「ハプスブルク系欧州國體」として理解するのは容易だが、もっと視野を広げて統合ワンワールド國體として理解した方がよい。そうしないと、第一次大戦から第二次大戦に展開する世界史の過程が理解できないからである。

第一次大戦の主目的の一つは、「ハプスブルク家の世界史からの偽装撤退」であったが、戦局はこの時、すでに最終段階に差し掛かっていた。堀川の國體御所は、半世紀先立つ明治二十六（一八九三）年、青山光子に國體黄金を添えてハインリヒ・クーデンホーフ＝カレルギー伯爵に嫁がせたが、この縁組の目的は、ハプスブルク家の執権クーデンホーフ＝カレルギー家に欧州共同体を創設させることにあった。

フランク王国の執権職として欧州の封建諸侯をまとめていたピピン家の地位を引き継いで、

欧州キリスト教文化共同体の維持を果たしてきた神聖ローマ皇帝の機能を、ハプスブルク家から、股肱《ここう》のクーデンホーフ＝カレルギー家に移して、欧州共同体を創立させるためである。

光格天皇以来、仁孝→孝明と三代を経た京都皇統の家祖は閑院宮典仁親王（慶光院太上天皇《けいこういんだいじょう》）であるが、この方が、実は欧州大塔宮の里帰りであった。このことは、日欧ともに國體のごくごく秘密事項とされてきたが、本稿がこれを明かしたことで、今や世界史の真相が顕《あらわ》れたのである。

要は、閑院宮家の創設により日欧の國體勢力が統合され、世界國體が形成されていたので、これに鑑《かんが》みれば、ハプスブルク家は欧州國體の下位集合で、欧州國體は世界國體（統合ワンワールド國體）の下位集合というも誤りではない。

天津の地政学的地位

中華本部と満洲の接点にある天津は、太古にスコットランドから発して東進してきたワンワールドの大陸勢力が到達した東端の一つで、古来、日本列島と大陸を結ぶ要地・要港である。欧州國體がここに南開学校を建てた目的は、第一に中華大陸に近代国家を建てるための人材育成であるが、それだけではない。大正デモクラシーを鼓舞して日本社会の国際化を進める役割も担っていた。ここで読者は、第二巻『國體アヘンの正体』で、周蔵と加藤邑《むら》とが白樺派を論ずるくだりを思い起こしていただきたい。

ギンヅルが周蔵に勧めた武者小路実篤ら白樺派の国際化路線と、周蔵の国粋的意識が相容れなかったのは、周蔵と加藤が思慕する対象が「ヤマト國體」なのに対し、ギンヅルの生家岩切家がコスモポリタン系日向人だったからである。さらに、ギンヅルの旦那で背後にいた公家堤哲長も、勝海舟が「外国事情に最も通じているのは堤中納言《ママ》」と評したように、京都皇統配下のコスモポリタンだったのである。

ようするに、天津南開中学のオーナーの欧州國體が、参謀のアルザス人ポンピドーをメソジスト派の牧師として天津に潜入させていたのである。ポンピドー牧師は支那人彭坡得の偽名で来日し、東京に城西教会と中華ＹＭＣＡを建てるが、そのポンピドー牧師こそ上原勇作の秘密の義兄であることは、前巻で述べた。

ポンピドー家はハプスブルク大公家の分流だから、ポンピドー牧師を矢野玄道、ハプスブルク大公を青蓮院宮朝彦親王と見立てれば、天津南開中学はあたかも京都学習院の相似象とも言える。

仁孝天皇が創立を発意し孝明天皇により実現した京都学習院（学習所）は、アリバイのための施設を御所建春門外に造り、実質的施設を粟田口《あわたぐち》の青蓮院境内に設けた。大名から公家、下士まで貴賤を問わぬ志士が集まって国事を論じた場所は粟田口の青蓮院境内であった（京都学習院については拙著『京都ウラ天皇と数理系シャーマン』をご覧いただきたい）。

ハプスブルク大公家はカソリックであるが、ポンピドーはプロテスタントに属するメソジスト派を奉じていた。欧州國體は大別してケルト系とハプスブルク系があるが、どちらも根本はマニ思想であるから、宗教・宗派にこだわらないのである。ドイツ人としてプロテスタントに近いはずのハプスブルク大公家がカトリック教会を奉じたのも信仰の問題でなく、神聖ローマ皇帝に就くための政治的必要性があったからである。

ようするに、神聖ローマ帝国そのものが、ローマ教会に対抗して抑え込むための政治的装置なのであるが、そもそも欧州國體が地域統治の必要に合わせて建てたのがキリスト教各派だから、これでも何ら問題はないのである。

欧州國體を分担するハプスブルク大公家が天津南開学校の卒業生を日本に留学させたのは、中華大陸に建てる近代国家のモデルとして明治日本を選んだからで、必ずしも学校知識の習得が唯一の目的でなかった。

「南開三羽烏」の渡日

天津南開中学から日本に渡った留学生が数あるなかで、周恩来だけが学歴の取得より日本の実社会を見聞してくることを命じられたのは、欧州國體がこの人物に最大の期待をかけたからであり、期待通りに中華人民共和国を建国して国務院総理に就いた。

天津南開中学の旧校舎

昭和戦中期の天津市街

なぜ、周恩来が選抜されたのか、その基準は未詳であるが、ともかく周恩来を支援するためにポンピドーが付けたのが呉達閣である。周恩来を支えた南開級友の呉達閣と王希天が、周を含めて「南開三羽烏」をなした。

周恩来は早くも大正八（一九一九）年に帰国し、呉達閣も東大で修士号を取って大正十四（一九二五）年に渡米する。あと一人の王希天は、大正十二（一九二三）年の関東大震災下で民国の出稼ぎ労働者を保護したことで、混乱のさなかに習志野重砲連隊の垣内八洲夫《かきうちやすお》中尉に殺害されたとされているが、これは実は憲兵大尉甘粕正彦《あまかすまさひこ》が企てた偽装死で、垣内中尉の軍刀で片脚を傷つけられた王希天は、周居應《しゅうきょおう》として昭和末年まで生きていた。日本名を百木とか平林とか称したらしい。

この「南開三羽烏」に、張伯苓の門弟で南開中学の学外同志というべき張学良を含めた四人が「南開四天王」である。昭和十三（一九三八）年に起こした「西安《せいあん》事件」で、最も重要でリスクの多い役割を担ったのが張学良であったことを見ると、新中国の建設において張学良が周恩来以上の責務を負っていたことに、史家は気が付かねばならない。

ひいては、張学良が張作霖の長男とされることの真否も疑うべきで、欧州國體が背乗りしていた可能性が高いと思う。それまでの馬賊仲間から一頭地を抜く形で頭角を現す張作霖は、満洲へ流入した漢族の子で明治八（一八七五）年の生まれである。日清戦役の後、地域の富豪に要請されて治安を維持する「保険隊」と称する馬賊を稼業としていたが、明治三十三（一九〇〇）年に勃発した義和団事件に便乗して同業者金寿山の縄張りだった中安堡を奪い、勢力を拡大したが、やがてロシア軍の擁護を受けた金寿山の逆襲に遭《あ》い、八角台（台安県）に逃れ、ここで出会った同業者の張景恵と張作相らと合流して規模を拡大する。

馬賊の本質は傭兵で、傭兵は給金が目当てであるから、資金豊富な頭目が大勢を制するわけである。自分より大きい仲間を従えて急速に成長していく張作霖をみると、このころ、張作霖に國體ファンドが入ったと思われる。これを入れたのが堀川御所であることは言うまでもないが、長子張学良が明治三十四（一九〇一）年に生まれるのもファンドに関係がありそうにみえてならない。

留学期間が過ぎても日本に残留して社会運動を行っていた王希天と、東京大学で修士号を取ってからシカゴ大学へ移った呉達閣は、どうみてもポンピドーの「草」であるが、両人が協力して日本に送り込んだ周恩来も当然ながらその同志である。

日本に来たばかりの周恩来が、ほんとうは日本語がどれだけ出来たのか、はっきりしないが、南開中学で国文の才能が傑出していたところを見ると、その言語能力を侮ることはならない。今日わが国にあふれる期限付き労働移民をみても、話し言葉はすぐ覚えるし、当時の書物は漢字・漢語の使用が今日よりも格段に多かったから、文章の理解力はあったはずだ。理解できずとも、河上肇の雰囲気に触れさせることがポンピドーの狙いであった、と思える。

ともかく、京大の河上肇の講座をモグリ聴講してマルクス主義の息吹に触れた周恩来は、大正八（一九一九）年に帰国して新設の南開大学に入るが、大正九年に留学したパリで共産主義理論を学び、帰国して中国共産党の基礎を固めた。大正六年の日本留学から、ここまでがワンワールド國體が描いた周恩来の教育課程で、本人はその通りに動いたのである。

その結果が「国共合作《こっきょうがっさく》」となり、ひいては第二次大戦における日本の敗戦となるのだが、これをもたらしたのは、とりもなおさず、「南開三羽烏」であった。「南開三羽烏」の奉公先は、つまるところ統合ワンワールド國體で、その首頭は堀川辰吉郎であった。

つまり、めぐり巡って、堀川辰吉郎が日本敗戦を企てたことになるが、その筋道を語る紙数が本稿にないので後巻をお待ちいただきたい。

没落官僚の息子で家産乏しく、性格温和な周恩来を、富豪と豪商の息子で才気煥発かつ豪放闊達な呉達閣と王希天が両翼から支援するのが「南開三羽烏」の構図で、まさに『三国志演義』の世界である。この構図を見通すことは、周恩来自筆の「旅日日記」の一部が当局により発表されても、それだけでは不可能であったが、たまたま世に顕れた「別紙記載」と照合することで、世界史の真相が浮上したのである。

「南開三羽烏」に張学良を加えた「南開四天王」が、西安事件や国共合作など二十世紀最大の世界的事変に深く関わったことは、これまで幾つかの拙著で述べてきたから、詳細は既刊の拙著をご覧いただきたいと願う。

■——呉達閣とは何者なのか？

大正六（一九一七）年十月に周恩来が、京都の呉達閣の下宿に居候していた事実は、周蔵が「別紙記載」に書き残したからこそ、今に残ったのである。

周恩来が大正六年九月に来日するに際し、上陸地として神戸港を選んだのは、京都にいた呉達閣の下宿へ転がり込む予定が決まっていたからである。

大正六年春に一高特別予科に合格した呉達閣が、そのまま休学届を出して京都に向かったのもポンピドー牧師の指示であろう。目的の一つは、呉達閣を父祖の出自の丹波アヤタチ衆に顔見せさせるためで、渡辺ウメノらアヤタチ上田家の関係者に引き合わせたのである。民国人専用の下宿屋を運営していた珍味屋も、ウメノと同族の丹波アヤタチ衆で、だからこそ呉達閣を満洲から里帰りしてきた同族として扱い、その下宿に住まわせたのである。

もう一つの隠れた目的は、ひとまず京都に入った呉達閣が、一年遅れて来日する周恩来を招いて、河上肇の講義に触れさせることにあった。いうまでもなく、これから中国を共産主義に誘導する任務を帯びた周恩来のためである。

このとき、呉達閣の下宿で同棲していた女性を、ウィルソンは「同じく国費留学生」とするが、民国の国費留学制度の対象はすべて公立の男子校だから、それはない。この女性は、吉薗家伝では日本人看護婦と伝わるから、丹波アヤタチ衆が呉達閣にあてがった同族の女性と思われる。

昭和十三（一九三八）年二月の国共合作交渉に際し、十七年ぶりに西安で呉達閣と再会した周恩来が、「まだ同じ奥さんですか？　と尋ねたことで、呉達閣の機嫌を損ねた」と、ディック・ウィルソンが評伝『周恩来』に記すのは、もとより呉達閣本人が語ったことであるが、「同じ奥さん」とは、どの女のことだろうか？

大正七年春に一高特別予科に復学した呉達閣は予科を卒業してから帰国して学生運動に参加したのち、再び日本に戻り、本科に三高文科を選んで京都で友人二名と借家暮らしを始めるが、東京高師と一高の受験に失敗した周恩来を再び京都の借家に迎えて居候させる。

この時も呉達閣は女性と同棲していて、その女性が周恩来の酒癖を諫《いさ》め、また周恩来の帰国旅費を出すために高価な指輪を売却した、とウィルソンは述べる。これも、ウィルソンが台北で呉達閣から聞いた話と思われるが、もし真実ならば、この女性は前年の看護婦とは別人で、ポンピドーが送り込んだ華僑の娘のような気がしてならない。

以後の呉達閣は、大正十（一九二一）年に三高を卒業して東京帝大法科に入学、大正十三（一九二四）年に卒業して大学院に進み、学績優良をもって一年で修士の学位を受けた。大正十四年に吉林省の官費によってアメリカに留学し、シカゴ大学大学院からイリノイ大学へ転じて、国際法学者の道を進む。

昭和五（一九三〇）年に博士号を得た呉達閣は、同年七月に電報で招聘《しょうへい》されて瀋陽の東北大学法学院専任教授となり、国際公法や政治学、はては経済学原理に至るまで幅広く講義した。翌六年九月十八日、関東軍が南満洲鉄道を爆破した謀略を機に発生した「満洲事変」により、（奉天の）東北大学が北京に移ると、呉達閣も北京に赴いて教授を続け、さらに北京大学の教授も兼ねた。

昭和三（一九二八）年六月四日に関東軍が張作霖を殺害した「満洲某重大事件」で、父張作霖の跡を継いで奉天軍の頭領となった張学良は同年十二月、奉天軍閥の「五色旗」を国民党の「青天白日満地紅旗《せいてんはくじつまんちこうき》」に変更する「易幟《えきし》」を断行して形式的ながら蒋介石の隷下に入り、交換条件として満洲の自治を認めさせた。

石原莞爾の策により昭和六（一九三一）年九月十八日に勃発した「満洲事変」を機に、北京に移った張学良は、国民党に合流して全国陸海空軍副総司令（国民党の三軍の副司令官）に就く。今なら李克強の地位である。早速に呉達閣を招聘して「上校機密秘書」に任命した。「上校」とは大佐、「機密秘書」とは副官のことで、呉達閣はこの時をもって張学良付の参謀となったわけである。

富商の子で学費に不自由しない王希天は自在に行動しているが、呉達閣の学費が大正五（一九一六）年の来日以来アメリカ留学まで、すべて吉林省から出ていたのは、その背景を暗示している。周恩来の滞在費と旅費や行動費は呉達閣が支給していたとみるべきで、「旅日日記」にみえる南開同窓からの支援金は、周恩来の苦学を偽装するためのアリバイであろう。

このような「南開三羽烏」の秘密の関係が、白日に曝《さら》されるのは、①大正十二年の関東大震災に際して発生した王希天殺害事件に張学良が抗議したことと、②昭和五年に呉達閣をアメリカから電報で呼び戻して東北大学の教授にしたことで、この背後に張学良がいたことは、これに続く一連の人事が明示しているのに、史家が誰一人として、これに気が付かないのは不思議なことである。

ワンワールド國體が操った呉達閣人事

張学良の国民党軍入りと全軍副司令就任、および参謀として呉達閣を入れた人事は、いうまでもなく統合ワンワールド國體（世界國體）によるもので、その目的は、張学良が蒋介石を兵《へい》諫《かん》して中国共産党の領袖《りょうしゅう》周恩来と談合させ、国共合作路線に誘導することにあった。

その筋書き通りに昭和十一（一九三六）年十二月に張学良が起こした「西安事件」で、蒋介石を兵諫して「国共合作」を承認させた張学良が、すでに中国共産党の領袖となっていた周恩来と談合して「国共合作」を実現したのである。

蒋介石を兵諫したため、反逆罪に問われて幽閉された張学良のもとを去って国民党の要人となった呉達閣は主に監察機関の要職を歴任した。日本の敗戦後に中華民国合江省（現在の黒竜江省北東部）の政府主席兼中将保安司令となるが、国民党が国共内戦に敗れたため、台湾に移る。この動きが黄金ファンドの満洲から台湾への移動に関係するとみるのが私見であるが、後巻で述べる。

張学良の軍師から国民党の要人に転じた呉達閣が、国共合作案を携えて西安に赴き周恩来に再会するのは、国共合作の裏舞台を窺《うかが》わせる重大事である。これを見れば、「易幟」から「国共合作」までの一連の大事件は、張学良が呉達閣を通じて周恩来と相呼応していたとみるしかないのである。

この重大事を達閣本人から聞いたウィルソンは、その著『周恩来』で世界にこれを報じたが、ウィルソン以外の周恩来伝記、たとえばハン・スーインの『長兄』も、創価大学系の『周恩来と日本』も、ウィルソンより遅れて発刊しながら、これをまったく無視するのが甚だ興味深く感じられる。

「西安事件」の本質を史家は理解していないが、南開四天王のうち三人までが直接関わったことを注視すれば、策源地が統合ワンワールド國體であることは歴然で、謀主が國體天皇堀川辰吉郎であることも容易に洞察できる。

この「西安事件」こそは建武元（一三三四）年に生じた「建武の新政」の相似象で、国民党を南朝に例えれば、トップの蔣介石が後醍醐天皇、陸海空副総司令の張学良が楠木正儀《くすのきまさのり》、国民党の要人となった呉達閣が後醍醐の護持僧兼軍師の文観《もんかん》といったところであろう。

一方、北朝方に譬えられる中国共産党の頭領毛沢東が足利尊氏、周恩来が護持僧兼軍師の日野賢俊《たかとし》（賢俊《けんしゅん》）とみるのが相場である。

これほどの世界史的大事変に関わった呉達閣が周恩来と比べて知名度が低いのは、単なる回り合わせに過ぎず、隠れた事績では周恩来に遜色のない大人物である。

槇玄範と親しい呉達閣の背景

大正六（一九一七）年十月、三年前に綾部で罌粟《ケシ》利用の秘伝書をもらったウメノに京都で再会した周蔵が、罌粟《ケシ》栽培の秘訣を請うたところ、ウメノは、孫の政雄と同じ下宿に住んでいる呉達閣を紹介した。

「詳しい事はこの人から聞くが良い」と紹介したとき、ウメノが「このお人は、オマンの知りよる槇玄範《まきげんぱん》ハンとも心安い仲やで」と囁《ささや》いたことが、吉薗家伝に残っている。

ウメノのいとこ上田吉松の子の槇玄範は、実父上田吉松からアヤタチ（怪立）の座を継いで丹波衆の元締めとなり、大正三年に青森県下北半島の薬師《やくし》温泉で同族の子女を鍛錬しているところを周蔵は目撃している。

一方、大正五年に来日した呉達閣は、翌六年春に合格した一高特別予科を休学して京都に来るが、東京と京都以外に旅行する余裕はまずなかったはずで、下北半島在住の槇玄範と親しくなることなぞ想像することすら難しい。満人留学生呉達閣がアヤタチ槇玄範と親しいとなると、両者の接点として考えられるのは家系の共通性である。

古来よりシベリアから満洲にかけては黄金の産地である。室町時代に日本から大勢の國體忍者が満洲に渡ったが、江戸時代に入っても、その子孫と國體忍者が互いに往来した。國體忍者の主力はむろん修験《しゅげん》サエキであるが、なかにアヤタチ配下の丹波修験も混じっていた。

國體修験の本流を汲む大峰《おおみね》修験がアマテラス信仰なのに対して、亜流の寄生体修験がスサノヲ信仰の丹波修験であるが、持ち前の行動力を生かして國體に仕えていたのである。

平成十八年ころから、國體舎人を通じて京都皇統の古代史伝授が始まったとき、わたしは紀州に流寓していた。だから古代史伝授は、東京の麻布十番に残留していたわたしの秘書を中継して行われたのである。

ジグソーパズルの断片のような形で次々にもたらされるそれらの歴史情報に接して、消化不良に陥ったわたしは、京都皇統の底意を覚るため、國體舎人に「肚《はら》を割ってくれ」と叫んだ。別れ際に國體舎人が一言を発した。「肚を割ろう。呉達閣は呉禄貞《ろくてい》の子だ」。あれから十年以上も経つ。

日清戦役後、清国は有望な若者を日本に派遣して陸軍士官学校に入校させる。その一人で、のちに「士官三傑」の一人といわれた呉禄貞が呉達閣の実父と、わたしはこのとき國體舎人から教わったのである。

一八八〇（明治十三）年生まれの呉禄貞は十五歳で国子監《こくしかん》の入試（院試）に合格し、「生員《せいいん》」となったほどの秀才であるが、日本の陸軍士官学校の清国学生隊を出たので藍天蔚、張紹曽と並んで「士官三傑」の一人といわれた。

その実子という呉達閣（翰濤）は、生まれは周蔵より五日遅い光緒二十（一八九四）年農暦四月十三日とされるが、呉禄貞は当時数え年十四歳であるから、父親として、やや若過ぎる感が否めない。

呉達閣が〝背乗り〟した呉家の祖籍は河北省楽亭県で、達閣の生地は吉林省九台県（吉林将軍管轄区吉林副都統管轄区長春）とされる。背乗り先の呉家はここで農牧を営み、曾祖母に満族の屈氏が入り、母は張氏であった。呉禄貞の子翰濤が吉林の呉家に背乗りしたとき、年齢が二歳ほど遡らされたと考えれば、呉禄貞の父親としての年齢問題も解決される。ようするに呉達閣の本当の年齢は、明治二十九（一八九六）年生まれの二十二歳ではなかったか、と思う。だとすると、民国元（大正元＝一九一二）年春に吉林省立一中に入学したときの呉達閣の実年齢は十六歳となるが、吉林一中で同期生となった王希天も明治二十九年生まれで、呉達閣が二歳サバを読んだとすれば同年となる。

吉林一中で革命党地下工作員の王者師と出会って革命党に入った呉達閣は、翌二年に官憲の圧迫が身辺に及ぶことを察知して吉林省を去り、天津南開学校に転入して丁班に編入された。時に呉達閣の実年齢は十七歳で、同年九月に南開学校に転入してきた周恩来が隣の席に座るが、これがポンピドー牧師ないしメソジスト教会によって図られたことは想像に難くない。大正五（一九一六）年になり、吉林省官費生として日本に留学した呉達閣は、翌六年の春に第一高等学校特別予科に合格する。

ここらで呉達閣がアヤタチ槇玄範と親しい理由を洞察せねばならないが、結論からいえば、呉達閣が幼少時に来日して槇玄範の訓練を受けていた可能性が高い。

大正三（一九一四）年、薬師温泉の小屋で槇玄範が男女数人の子供を訓練していた現場をみた周蔵は、後年の「別紙記載」に、その訓練を「桐越え」、「糸渡り」と記している。つまり跳躍と綱渡りで、素質のある同族の子供たちを選んで訓練していたのである。呉達閣が大道芸人風の武芸に長けていた理由は、アヤタチ流の体術訓練とみれば筋が通る。

槇玄範の教え子の一人は後年周蔵と親しくなるが、明治三十二（一八九九）年生まれで当時は十五歳であった。忍者訓練の適齢を十三歳あたりとすれば、呉達閣は明治四十一（一九〇八）年ころに里帰りして、丹波か下北半島で槇玄範の訓練を受けていたと、わたしは推察する。南開三羽烏のもう一人王希天は、忍者ぶりでは呉達閣を上回るほどであった。

呉達閣ははたして別号か、それとも偽名？

周恩来の「旅日日記」にみえる南開同学の記事は、大部分が三羽烏同志の関係である。これを抜粋して下に掲げる。

①大正七年一月一日条、滌愆《できけん》（＝達閣）を含む三人の学友が午後に訪ねてきた。滌愆から年賀葉書を貰った。

②一月二日の朝も来た滌愆は、四日にも来て一緒に東亜高等予備校に出かけるが、このとき滌愆は南開同学会の副幹事に選ばれる。

③六日に南開の旧友王希天に会う。七日滌愆・希天と会う。十日には貸間に移る。十三日に滌愆の引っ越しを聞く。十七日に駅で滌愆に出会う。二十五日に滌愆来る。

④二月二日、恩来は谷中霊梅院の友人厳智開（南開学校設立者厳修の子）の下宿へ移り、美校生保田龍門《やすだりゅうもん》と知りあう（保田は三羽烏でないが、重要な記事のため掲載）。

⑤十日に滌愆来る。十一日に滌愆が来たのでその下宿について行く。十七日に滌愆来る。二十日に滌愆を訪ねる。二十三日、二十四日にも滌愆の記事あり、引っ越しの件である。

⑥二十四日に谷中の下宿を引き払い友人の下宿に移る。二十五日に滌愆の記事あり、引っ越しの件である。滌愆と王希天らが来る。

⑦三月一日に新居に移る。三〜六日東京高師入試。

⑧十日、十一日に滌愆との手紙往復は、高師の入試に恩来が落ちた一件である。十五日滌愆来り、翌日手紙を出す。三十日に滌愆来る。四月四日、滌愆・希天来る。五、六日も同様。十

九日滌愆、二十日希天来る。二十八日滌愆来る。
⑨五月二日に滌愆と会う。「日華共同防敵軍事協定」の締結を巡り、留日学生の間で同盟帰国の機運高まるが、一高生の希天・滌愆と蓬仙が帰国運動の中心で、恩来も加わった。
⑩六日に希天・滌愆を訪ねるが会えず、午後に滌愆来る。この日神田の支那料理屋「維新號」に集会した留日学生は西神田署に連行されたが、直ぐに釈放された（恩来は参加せず拘束を免れたが、ウィルソンには逆を言っている）。
⑪七日昼に希天に会い、午後希天を横浜に送る。九日希天の葉書を受け取る。
⑫十日に滌愆来る。十一日に滌愆の帰国を見送る。二十一日滌愆に手紙を出す。二十三日滌愆のために預金を下ろす。二十五日滌愆の葉書を受け取る。三十日希天の手紙を受け取り、返事を出す。
⑬六月十日、滌愆からの送金を調べるも不明。下宿に帰ると滌愆が来ていた。十一日滌愆に手紙を出す。十四日滌愆の送金は依然不明。十六日滌愆より来信。十七日希天より来信。二十日滌愆より来信。二十一日滌愆へ返信。
⑭七月二〜三日、一高受験。恩来は日本語の会話も作文も不得意で、合格しなかった。
⑮七月三日、滌愆に手紙。五日希天に手紙。十九日希天から手紙。希天に返信。二十一日滌愆から手紙。

右のごとく、周恩来を中心とする三人の動静が浮かび上がる。大正七年五月十一日に帰国した滌愆は、直ぐに戻ってきて六月十日に周恩来の下宿に姿を現した。王希天も一時帰国し、直ぐに戻ってきたらしい。

この間、周恩来は呉翰濤を呼ぶに常に「滌愆」をもってし、一度も「達閣」を用いていないのは、何か。中国の慣習に詳しくないわたしが言うのも何だが、「達閣」は字《あざな》でなく、偽名とみると筋が通ると思う。

「旅日日記」が「滌愆」の字で呼んだ人物の諱《いみな》は「翰濤」で、その人物が京都では「達閣」と称していたが、そのことを知る留日仲間は少なかった。「達閣」がほんらい諱か字かはっきりしないが、とにかく来日当初から使い分けしていたのである。

「諱」は翰濤しかないから、本来の「字」が滌愆で第二の「字」が達閣としたら、諱を聞けば、たちどころに同一人物であることが分かるはずだ。ところが、それが分からないのがウィルソンとハン・スーイン、それに矢吹である。ゆえに、わたしは次の仮説を立てる。

①達閣は、京都で用いるための偽名（偽の諱）であった、

あるいは、

②達閣は字ではなく当初の諱で、のちに翰濤と改変した、

右のいずれかと考えないと、ウィルソンとハン・スーインおよび矢吹の誤解ぶりが理解しがたいのである。

第四章

丹波アヤタチ衆と大本教

大本教の下北半島開祖を称える槇玄範

京都で三年ぶりに再会した渡辺ウメノについて詳しいことを、周蔵はギンヅルに尋ねたが、それにはわけがあった。

渡辺の婆さんのことを　三居に聞く。
理由がある。
實《じつ》に奇縁なる事であるが　青森の　下北地方の　大畑に行った所　池田庄太郎さんと知りあうが　その折　池田さんの　一族の人物たちとも　知り合う。
その一人に　槇《まき》ゲンパンなる　漢方医がおる。
下北地方にては　最高の地位を　認むらる　人物なれど　池田さんは　やや引きぎみに　紹介さる。
池田さんは　非常に切れる人にて　何かの事情アリ　と思っておったが、同伴であちこち　歩く内　自分を信用したのか　事情の事　話さる。

周蔵が渡辺ウメノに興味を抱いたのは、不思議な因縁でウメノが周蔵旧知の槇玄範と繋がっ

ていたからである。

大正三（一九一四）年、罌粟《ケシ》栽培を広げるため青森県下北郡の大畑湊《おおはたみなと》（現・むつ市大畑町）に行った周蔵は、その地で地方デパートを営む池田庄太郎氏と知り合い、その折、池田の一族の人たちとも知り合った。

その一人が田名部《たなべ》の槇玄範という漢方医である。下北半島ではトップクラスの名士なのに、池田庄太郎が周蔵に紹介した際に何となく遠慮がちであったのを周蔵は奇異に感じた。

池田庄太郎を非常に聡明な人物とみる周蔵は、庄太郎のこの態度には必ずそれなりの事情があると踏んでいたところ、罌粟《ケシ》栽培を勧誘するために連れ立って諸方を歩くうちに、周蔵を信用した庄太郎は、槇玄範にまつわる事情を語り出した。

槇ゲンパンは　その以前は　ムツの方（所）にて　医業を　務めてきておるが、定かな人物　ではない、との事。
幕末に　うまく　地位や家系など　入手したる　きらい多い　との事にて　池田さんは　うさんくさいと　思っておったようだ。
つまり　池田庄太郎氏の　妹トヨなるが　槇ゲンパンの息子　末治（スエジ）なる人物の嫁となり　池田庄太郎氏の　援助で　大畑の町中に　けっこうなる旅館を　建てており　また　亭主の末次（？）なる男に　郵便局を　持たせておった。

槇玄範は、以前は下北半島の陸奥湾側の田名部で医院を開業していたが、家系経歴が定かな人物ではない、というのである。

幕末の社会変動に乗じて、地方の名家に〝背乗《はいの》り〟して地位や家系を乗っ取った例は多いが、槇玄範もその一人で胡散臭《うさんくさ》いと、池田庄太郎はみていた。槇玄範の息子末治に嫁いだ庄太郎の妹トヨが、庄太郎の援助で大畑の町中に結構な旅館を経営していたが、そればかりか、亭主の末治に大畑郵便局を持たせていた。

槇玄範・出口鬼三郎兄弟が大本教を開く

医師槇家は下北半島で知られた医師で、ここにいう槇玄範はその三代目である。明治維新により会津から朔北《さくほく》の下北半島に遷《うつ》されて貧しい土地で栄養失調と疫病に倒れた斗南《となみ》藩士たちを、アヘン製剤の「一粒金丹《いちりゅうきんたん》」を用いて治療したのが三代目槇玄範であった。

三代目玄範は、大畑湊から大畑川を七キロほど遡《さかのぼ》った薬研《やげん》の地に以前からあった温泉旅館を買い取り、「大本教開祖」の看板を掲げていた。

大畑湊から大畑川を三・五キロほど遡った小目名《こめな》から、さらに同距離を遡ったのが薬研温泉で、その開湯は慶長二十（一六一五）年のことで、豊臣方の部将で大坂夏の陣で敗れて当地に落ち延びてきた城大内蔵《じょうのおおくら》太郎《たろう》が発見した、とされる。

　このシリーズ第二巻『國體アヘンの正体』の一五三頁前後に述べたように、大坂夏の陣に敗れた真田幸村配下の堺屋《さかいや》衆が、船で下北半島の大畑湊に運んだ「真田黄金」を、同志の畑中衆が薬研温泉の周辺に厳重に隠匿したのである。

　これまでわたしは、吉薗明子さんから聞いたまま、「堺屋衆が海路を通ったのに対し畑中衆は陸路を来た」と述べてきたが、当時の交通事情を考えてみれば、大坂から下北半島までの旅程の全部を陸路に頼るわけもない。つまり大部分は海路を通り、下北半島の近辺で陸路に切り替えたと思う。その理由は「真田黄金」との関係を隠蔽するためで、堺屋衆と無関係を装うため堺屋衆とは別に陸路伝いに下北半島に来たのである。

　大畑湊から一里離れた小目名に隠棲した畑中衆は、大畑湊の堺屋衆との交際を断ち、薬研温泉を運営した。この温泉を開いた城大内蔵太郎は真田の傭兵か、畑中衆の護衛役と考えられる。往時の温泉場は、癩《らい》患者が治療のために集ったから、これを世話する介護業者が存在した。畑中衆が小目名で山林稼業を生業とする傍《かたわ》ら、薬研温泉に集う癩患者の介護に携わったのは、真田医術の心得があったからでもあるが、究極の目的は「真田黄金」を護るために一般人を遠ざけることにあった。


―槇ゲンパンは　薬研と云う所にて　以前から　そこにある　旅館を買い取り　大―

本教開祖と　看板を　立てておる。
池田氏　云わるに　「妹は　槇ゲンパンの策に　引っかかってしまった」との事。
ゲンパンは　目當《めあて》が　大本教を　布教したい。そのためには　金がいる。それに
妹は　ねらわれた　と云わる。

池田庄太郎は、「わが妹トヨは槇玄範の策に陥った」という。大本教の開祖の一人槇玄範は、布教の資金を得んがために、経済力のある池田トヨを狙った、というのである。

池田氏　云わるに
槇ゲンパンは　大本教　現教祖　出口王二《ママ》三郎（本當は鬼三郎と書く由）の實父（種馬）、實は世間には祖父となる上田吉松なる男の子供であり、出口の養子となった　鬼三郎なる　人物とは　「畑違いの種同じ」なのである由。

庄太郎が言うには、槇玄範の父は大本教（皇道大本）の現教祖出口鬼三郎の実父上田吉松である。上田鬼三郎は出口家の養子になり王仁三郎と称しているが、本名は上田鬼三郎で、父の吉松を世間的には祖父と称している。つまり槇玄範は出口王仁三郎の異母兄、というのである。

丹波上田家のアヤタチ伝承を政雄から教わる

ウメノが哲長に教えた薬の原料は特殊ケシで、その種子は江戸時代にオランダから入ってきてアヤタチ上田家に伝わったものという。ウメノの母が上田家から町医師渡辺家に嫁いだ際に、持参してきたのである。

渡辺政雄はこの数年後、祖母ウメノの実家の丹波国桑田郡曽我部《そかべ》郷穴太《あのう》村上田家のアヤタチ伝承を周蔵に詳しく教えたが、内容は拙著『天孫皇統になりすましたユダヤ十支族』に詳述したから、ここでは簡単に述べる。

穴太村は、古代に朝鮮半島南端の迦羅《から》地方の安羅《あな》から渡来してきた石工集団アナフ衆の旧址で穴太は当て字である。桑田郡穴太村のアヤタチ上田家の家伝では、上田の本姓は海部《あまべ》で、丹後一宮の籠《この》神社の神官から出た旧家である。

上田家の本家の丹後海部家は、古代に日本列島に渡来したイスラエル族の子孫で、なかでも「アヤタチ」と呼ばれる特殊家系という。これをいうと、戦前の皇国史観はもとより、戦後の弥生史観に泥《なず》んだ耳にも、荒唐無稽に聞こえるかも知れないが、他の伝承などに照らしても、充分首肯しうるものである。

アヤタチ伝承によれば、上田家は古くからオランダ取引をしてきたため、以前からオランダ人の血が入っていた。吉松の五代前の先祖上田主水《もんど》（一七三三〜九五）は絵画四条流の流祖丸《まる》山応挙《やまおうきょ》として知られるが、オランダ血統であった。応挙から六代目に当たる三代目玄範も、医業の傍ら絵画に精進し、幽霊画などを大畑近辺に残している。

アヤタチ上田家の幕末の当主吉松は、全国を巡って「言霊《ことだま》呼び」という御祓《おはら》いをしながらケシ薬を売っていた。その裏で朝廷の諜者として働いたのは、応神天皇の渡来を機に、忍者を職能としてきたのがアヤタチだからである。アヤタチ上田家が朝廷に仕えるようになった契機は、一一九代光格天皇の誕生（一七七一年）と思われる。

国際情勢に鑑《かんが》みて日本の開国を意図したワンワールド國體勢力が、すでに宝永七（一七一〇）年に永世親王閑院宮家の創設を決定したのは迫り来る日本の開国に対応するためで、具体的には後花園系皇統を閑院宮皇統に切り替えるためである。閑院宮家創設の目的は、天孫皇統の子孫を欧州王家から受け入れるためであった。大和朝廷以来、有間皇子・護良親王王子・治仁王ら天孫皇統が欧州に渡って諸王室を建てたことは本シリーズ第三巻に詳しく述べたからそれに譲り、ここでは省略する。

開国に対応するため、後桃園天皇を最後にして後花園系皇統を終わらせ、かねて創設していた閑院宮皇統に切り替えて光格天皇を誕生させた、というのがわたしの洞察で、たとい荒唐無稽の誹《そし》りを受けようとも、諸般の情勢をひっくるめてみれば、極めてよく筋が通るのである。

身長六尺（一八〇センチ）、体重五十貫（一八八キロ）を超えたという光格伝承の真否はしばらく措《お》き、宮廷刷新の事蹟が顕著な光格天皇の第一皇子仁孝天皇が、三十年にわたる治世に京都学習院開設以外に何の実績をも遺さなかったことの意味こそ、洞察すべきである。

さらに、光格天皇の第二皇子が秘かに中山家に入って中山忠能《ただやす》となり、幕末の朝廷をコントロールしながら明治維新を主導したが、これら数々の秘事は結局光格天皇に遡り、その特殊性を物語っているのである。なかでも、最大の秘事は、仁孝天皇が四十七歳で偽装崩御して、父の故国へ里帰りしたことである。故国とはオランダかあるいはベルギーで、オランダ王家のオランイエ・ナッサウ家かベルギー王家のザクセン・コーブルグ・ゴータ家のどちらが、そもそも光格天皇の出自なのである。

京都の西陣に進出して絹織物を製造していたアヤタチ上田家が宮廷忍者となった契機は、絹織物の輸出によりオランダ取引の実績を挙げたことであろうか。吉松の五代前の上田家当主は画名丸山応挙で知られる上田主水で、若い時、京都四条通柳馬場《やなぎのばんば》の「尾張屋」中島勘兵衛という玩具屋に仕えた。

輸入西洋文物を扱っていた尾張屋中島氏は上田氏の同族らしいが、その商号「尾張屋」は、日本流「宮廷ユダヤ人」の物部氏が天孫皇統への背乗りする目的で立てた「尾張連」に因むものであろうか。

吉松の子の上田鬼三郎が訓読みで王仁三郎《おにさぶろう》、音読みで喜三郎《きさぶろう》と名前を変えた。すなわち大本教（皇道大本）の聖師出口王仁三郎である。渡辺家に嫁いだ吉松の伯母が生んだウメノが、公家堤家に家女房として入ったのも、宮廷出入りの関係によるものであろう。

堤家を下がって実家に帰ったウメノが、いとこで情夫の吉松と、幼馴染みの出口ナヲ、吉松の子の鬼一郎（三代目槇玄範）や鬼三郎らと力を併せて立てた宗教こそ大本教（皇道大本）である。

神道を装ってはいるが、彌勒《みろく》（マイトレーヤ）を奉じるところにマニ教的色彩が濃く、大正三（一九一四）年に周蔵が綾部で会ったとき、ウメノは銀の十字架を提《さ》げていたというから一神教的要素もあるようだ。

妻の勧めで「托卵」に精を出した上田吉松

妻のウノに指示されて全国を回った上田吉松は、御祓い（憑依《ひょうい》を起こす祈祷）をしながら各地の女性に「托卵《たくらん》」した。

この　上田吉松なる人物の　妻が　したたかにて　何でも　ことだま呼びの家柄にて　人に乗り移るための　おはらいが専門　とのこと。
上田吉松に「方々に行って　女に種をつけて来い」と命じ、
「子供が出來たれば　急ぎどこぞへ　嫁に行くようにしろ」と　教えたるとの事。

上田吉松の妻ウノは言霊研究家の中村孝道《たかみち》の娘で、神霊を人体に憑依させるお祓いを専門とするシャーマンであった。

そのウノが夫の吉松に、「諸方で御祓いをしながら信者の女性に種付けをし、相手が妊娠したら至急どこかの家に嫁入りさせて、そこの子として育てさせろ」と命じたのである。

現代人はこれを聞くと、トンデモない夫婦と非難する向きが大半だろう。それは、今日の日本が、個人を最高の存在と見做《みな》す個人主義に立つからである。自分一身しか見えない個人主義は、いかに尊い思想と見えようとも、基本的に人道に反している理由は、個人だけでは一代限りで、家族が再生産できないからである。

つまり、社会基盤として個人よりも重要なのが個人を再生産する場である家族であることは見易い道理ではないか。このゆえに日本を含む現在の西洋文明は、一夫一妻で成り立つ家族を社会道徳の単位とするのである。

ところが、それでもまだ問題がある。一組の夫婦だけでは、個人は再生産されても家族は再生産されないのである。家族が再生産されなければ、社会は更新されず存続できない。

ゆえに、社会の基盤は、少なくとも複数の家族を包含する人間集団でなければならず、さもないと、その社会は存続できない。その人間集団とは、ふつうは血統を同じくする「族種」である。遺伝の法則によれば、族種に属する個体のうち優生を選別して次代につなげれば、その族種じたいの能力が向上する。

ちなみに、「優生」と「優性」は意味が全く異なる。「優生」とは「社会に意味ある能力」のことで、「優性」は遺伝的要素の強弱をいうものであるが、相当のインテリにもこの点の無理解が見られ、音はもとより、文字による混同を招くことが多い。近来、「優性」は「顕性」に、「劣性」は「潜性」に置き換える動きがあるから、本稿もこれにしたがう。

さて、優生学の観点からすれば、一夫一妻を厳守する族種が、一夫多妻を主義とする族種に生存競争において敗れるのは必然である。その実例は競走馬の世界をみても明らかである。

サラブレッドの交配は〝優生的な〟牡馬を選別し、これに多くの牝馬を掛け合わせるのが原則で、交配において一牡一牝関係を尊重する牧場からは競馬場での競走に勝ち抜く馬が出てこないことは常識である。

優生的な牡馬を選別して交配を繰り返した結果、ダーレー・アラビアン系のエクリプス（一七六四〜八九）の子孫が、今日の全サラブレッドの九五％を占めるまでに至っている。

ところが、人類の競走場は原則として権力と経済の社会で、ここでの生存競争に勝ち抜いて子孫を残すのが〝優生的な〟人間である。人類史のなかで、生存競争のトップに立った典型例はチンギス・ハーンで、今日世界中に散らばったその子孫が千八百万人に及ぶとの推計がある。一個人の子孫としてこれがおそらく最大であろうが、それでも、すでに百億を超えたといわれる世界人口の〇・一八％にも満たないのは、人類社会が競走馬のように単能社会でなく、職能別の能力が尊重される分業社会として、〝優生絶対主義〟に立っていないからである。

■――托卵を事業とする族種

吉松の妻ウノが夫に勧めた行為は、ホトトギスがウグイスの巣に卵を産み付ける「托卵」と同じ意味の行為である。托卵される族種のウグイスは大損害を被るが、托卵する族種のホトトギスが大儲けするのは、いうまでもなく他族の努力によって自族の遺子を維持させるからで、族種保存のためのエネルギー効率が良いからである。

人間界の場合、さらに「私有財産の相続」があるから、托卵により他族の子の扶養を押し付けられるだけでなく、自家伝来の財産まで奪い取られる族種は、ウグイスよりもずっと悲惨である。

つまり、ウノが夫に「托卵」を勧めたのは、一夫一妻の個人主義からすれば異常であっても、自族繁栄の立場からすれば、大いに合理性があるのだ。

吉松は　これも　ただの百姓とは　訳がちがい　まして　この上田なる家柄は
はやくから　オランダとり引きを　するような　商賣も　ケトウ好みのことをし
て　その家の血も　毛頭《ママ》が入っておる由。

何でも　ひ《ママ》祖父ぐらいが　丸山オウキョ　なる画師でもあった由。
（傍線アリ）

「上田吉松もただの百姓ではない」と、庄太郎が言った意味は、吉松が「アヤタチ」ということである。アヤタチを論ずると長くなるが、周蔵が政雄から聞いたところでは、朝鮮半島から里戻りした応神天皇に対抗するため、ユダヤ十支族のうち選ばれた者が深山僻地に隠れた者の子孫がアヤタチである。

　そのように政雄から聞いた周蔵は、とりあえずこれを信じたのである。わたしも長くこれを信じていたが、どうにも納得できないことが重なり、長い間検証したところ、これが虚説であることを立証しえたので、拙著『天孫皇統になりすましたユダヤ十支族』を発表したのである。

　すなわち、古イスラエル王国の子孫のうち十支族が日本列島に流移してきて、和銅六（七一三）年に丹後半島に自治特区を与えられ、その子孫が縄文海民アマベ氏の姓を譲り受けて海部《あまべの》直《あたい》を称したことを発見したのであるが、詳しくは前掲拙著をご覧いただきたい。

　丹波穴太村の上田家は、海部直を称するようになったユダヤ十支族のうちアヤタチをもって任じる分流で、養蚕を広げるために信州小県《ちいさがた》郡上田庄に進出した際に、地名に因んで上田氏を称したものと思料される。

　丹波から京都の西陣に進出して絹産業で栄えた上田一族が、オランダ取引を好んだのは、やはり先祖の血統的背景であろう。ユダヤ人が世界中に張り巡らしたネットワークに加わった上田一族が、欧州舶来雑貨を扱うために創業した「尾張屋」が、欧州の「宮廷ユダヤ人」に似た存在として、宮中出入りを許されたのである。

上田の家系に混じった「ケトウ」とは、文脈上はオランダ人だが、「毛唐」とはほんらい英蘭人を指す「紅毛人」と南欧人を指す「南蛮人」を併せた白人の総称であるから、必ずしもオランダ人とは限るまい。ここに傍線があり、「別紙記載」の存在を示唆するが、内容は分からない。

■上田吉松が津軽藩主の娘に産ませた子が三代目玄範

周蔵は十月十四日も京都に留まって、「別紙記載」の続きを記した。

10月14日
つづきを書く
吉松は　東北まで旅をして　女に種付けをして　歩いたらしく　その都度　大本教や　乗り移り行事を　行なったらしい。
ゲンパンは　津軽藩の藩医の　娘の　子供であるらしい、何でも　津軽と南部は

ヒノキ山をめぐって　大層なるケンカを　しておるらしく、津軽から　嫁をとる
など　實《じつ》に稀との　ことなれど　南部の槇玄範（初代）に　後妻に入ったらしい。
その折に持ちたる　持参金は　大層なるものらしく　その後の　幕末の貧困を
ゲンパンらは　それでしのげた由（この場合は人心を救ったのである）　その折
に　一粒金丹をも　持参したるらしい。

三代目玄範の父は上田吉松で、母は津軽藩医の娘と聞いたが、周蔵は後になって、「ほんとうは津軽藩主の娘」と覚ったようである。昔は、有力者が婚外子を儲けることが普通であったが、すべてを認知することは不可能なので、藩主一族やその他貴人の密子を、自家ないし他家の子として処理するのが藩医の職掌の一つであった。ついでにいえば、木戸孝允が長州藩医和田昌景《まさかげ》の子とされたことが、その真の素性を暗示していると思う。

吉松の種を孕《はら》んだ津軽藩医の娘が初代玄範の後妻になり生んだ子が鬼一郎で、『大畑町史』によれば、天保五（一八五八）年に生まれ、はじめ謙治と称し、のち「初代玄範を継いで三代目玄範となる」とあるから、闇に消えた二代目の運命が気にかかる。

宝暦十（一七六〇）生まれの華岡青洲《はなおかせいしゅう》が紀州に建てた医学校が春林軒《しゅんりんけん》で、その大坂分校の合《ごう》水堂《すいどう》の門生に槇玄範がいるが、青洲は鬼一郎生誕の翌年に逝去したから、合水堂に学んだのは初代であろう。

『大畑町史』によれば、旧南部藩治療所の藩医だった初代玄範は、明治三（一八七〇）年から四年にかけて斗南藩士族が病魔に襲われた際、家伝の妙薬「一粒金丹」を製薬して無料で配布した、とある。わが子鬼一郎に槇玄範の名跡を継がせて三代目玄範とした吉松は、下北郡長の氏家省一郎から薬研温泉の旅館を戸籍ごと買い取り、以後は氏家省一郎を称した。つまり、氏家省一郎に「背乗り」したのである。

吉松の死去について出口王仁三郎が語っている本があったが、目下手許に見つからないので、記憶のままに書くが、それにはたしか明治七（一八七四）年に死去したとあった、と思う。鬼三郎四歳のときであるが、これはむろん偽装死で、その頃に下北半島に拠点を作って本格的に移住したものと思われる。

吉松が氏家氏から取得した薬研温泉の旅館を三代目玄範が引き継いだのが、世間的には下北郡長の氏家省一郎の旅館を買い取ったように見えたわけだ。ちなみに明治十一年から大正十五年まで存在した下北郡の歴代郡長の名は未詳である。

もと南部藩領であった下北郡は、明治元年の戊辰戦争の後処置として維新政府に没収され、弘前（津軽）藩の取締地となった。翌年これに反発する一揆が発生したため、黒羽《くろばね》藩（大関氏）の取締地に変更されたあと、会津から転封《てんぽう》してきた斗南藩が下北郡の全域を領地とした。南部と津軽の山論《さんろん》（山林・原野などを巡る争い）は、その前の旧幕時代のことである。

両藩が領民をあげて対立する時代に、津軽領から南部領への嫁入りは極めて稀であったが、津軽藩医の娘は莫大な持参金を携えて初代槇玄範の後妻に入った。嫁入りの直後に生まれた鬼一郎に三代目を継がすため、二代目玄範はどこかへ去ったのである。

鬼一郎の母が持参した莫大な金の出処は吉松でなく娘の実父の津軽藩主と思われるが、初代玄範はこれをもって幕末明治初期の困窮を乗り切った。つまり津軽藩医は、薬で人身を救ったのではなく、金で人心を救ったのである。

吉松は吉松で、鬼一郎の持参品として「一粒金丹」の秘伝を槇家に伝えたという。『大畑町史』が家伝薬というのはこのことで、とすれば、「一粒金丹」は槇家ではなくアヤタチ上田家の家伝薬ということになろう。


が、池田氏　云わるに　「一粒金丹」は　津軽の人民薬であり　その藩医のものでもないし　勿論　槇家のものでもない　とのこと。農民が　誰でも作れる　とのこと。

「浅山丸《あさやまがん》」は　婆さんの個有のものであるが　その辺は　違うらしい。


しかし、庄太郎が言うには、「一粒金丹」は津軽地方の民間薬で、津軽藩医の独占でもないし、もちろん南部藩の槇家のものでもない。農民が誰憚《だれはばか》ることなく勝手に作っている、とのことである。

『津軽史事典』によれば、「一粒金丹」は寛政十一（一七九九）年に津軽藩から発売が許可された売薬で、アヘンを主とし、龍脳《りゅうのう》・辰砂《しんしゃ》・金箔にオットセイの陰茎などを調合した薬とあるが、幕末から明治期の漢方医浅田宗伯《そうはく》が著した『方函口訣《ほうかんくけつ》』では、これに牛黄《ごおう》をも加える。

元祖の明国では阿片膏《アヘンこう》を糯米《うるちまい》と合わせて丸めた、単なるアヘン薬だった「一粒金丹」が、戦国時代にケシと一緒に津軽に渡ってきて、日本らしい工夫を加えられて高級薬になったのである。

「一粒金丹」とよく似た薩摩の「浅山丸」は、ギンヅル固有の専売品で、そのあたりが「一粒金丹」との違いらしい。

出口鬼三郎の知られざる真実

以下は、出口王仁三郎に関する事蹟の具体的な記載である。

かなり刺激的であるから、わたしは本稿で発表することを一旦は躊躇《ちゅうちょ》したが、重大な史料的価値を有する「周蔵手記」の全文を掲載すると宣言した本シリーズの趣旨に鑑み、この記載を例外にしてはならない、と思い直した。

内容の当否に関する吟味は読者にお任せすることとし、わたしは私見を述べるにとどめる。

婆さんから聞くに
つまり　上田吉松なる爺さんは　ことだま呼びの　家系の妻君に従い、つまりは
霊ばい師のような　家であるからか　大本教を　考えついたらしく　大工の女房
に　神がとりついて　この宗教が　生れた由。何でも　明治二十五年の元旦に
その行事が　あったらしいが　婆さんの話では　この頃には　上田吉松なる爺さ
んは　とうに　死んだことになっておるらしい。
爺さんは　上田省一郎と名のり、上田吉松の名の内に　梅助なる男を養子にし、
梅吉と云うようにし　自分の娘のムコとした　のであるそうだが、三居曰く
「男と云うもんは　女房が　女をこしらえるを許すと　見さかいがなくなり　娘
を　妾同然とした」そうだ。

大本教は上田吉松が霊媒師家系の妻ウノに主導されて発案したもので、大工の妻で幼馴染みの出口ナヲに神が憑依《ひょうい》してこの宗教が生まれた、というのである。明治二十五（一八九二）年元旦に開教の行事があったらしいが、ギンヅルの話では、上田吉松はとっくに死んだことになっている。

偽装死後の上田吉松は上田省一郎を名乗るが、その前に養子にした梅助を梅吉と改名させて娘婿とした。ギンヅルが言うには、「男というものは、女をこしらえるのを女房が許すと見境が

なくなるもの」で、吉松は実の娘を妾同然にしたそうである。
　こうして生まれたのが鬼三郎であるから、吉松の子でもあり、孫でもあった。

三居は　渡辺の婆さんの前で　云うからには　これは　誠《ママ》の話しであろうと思ゆる。
何のことはない。　その吉松なる爺さんは　死んでおるのであろうし　（これは確認していないが　そうだろうから　その爺さんは　氣分としては　そうな〇〇《判読不可》あろうか）　やりたい放題で　あろう。
何しろ　狂氣じみておる。

　この話を聞いた周蔵は、「にわかに信ずべきではないが、吉松のいとこで、親しいウメノの前で言うのだから、信憑性がある」と思った。周蔵は確認していないが表向き死んだ吉松は、気分としてはあの世の人だから、やりたい放題である。「何しろ狂気の沙汰だ」とあきれたのである。
　明治四（一八七一）年生まれの出口王仁三郎は、幼時のころに死んだ祖父（実父）の上田吉松について語り、「夢枕に立って小銭をくれた」という。事実は、生きていた吉松が実家に戻った際、鬼三郎の枕元に現れて小遣いをくれたのである。

ところで　三居は　哲長と最後まで　妾とはいえ　暮らして來ており　自分がこの頃　閣下や高嶋さん　から聞くには　結局　女としては　哲長のみにて　操を　立て通したらしいが　この　渡辺なる　婆さんは　哲長の　筆おろしをしたほどにて　としも上であり　女の子供が出來ると　家へ戻り　上田吉松の　妾となった由。上田は　婆さんの母方の　身内にて　いとこ関係であり　この婆さんにとって　遊びの相手　でもあったらしく　本妻なる女と氣を合わせ　これも幼いころからの　友人との事にて　大本教を　たくらんだ　ようだ。

哲長の妾となったギンヅルは、明治二（一八六九）年に偽装薨去した哲長と、その後も暮らしてきている。近来、周蔵が上原閣下や高島友武閣下から聞くところでは、女としては哲長に操を立て通したらしい。

オランダ事情に精通したアヤタチ上田家

哲長の最初の女となった渡辺ウメノは年も哲長より上で、女子を生むと実家のアヤタチ上田家へ戻り、いとこの上田吉松の情婦になった。上田吉松とウメノは幼いころからの遊び相手で

「吉薗周蔵手記」が明かす関係系図

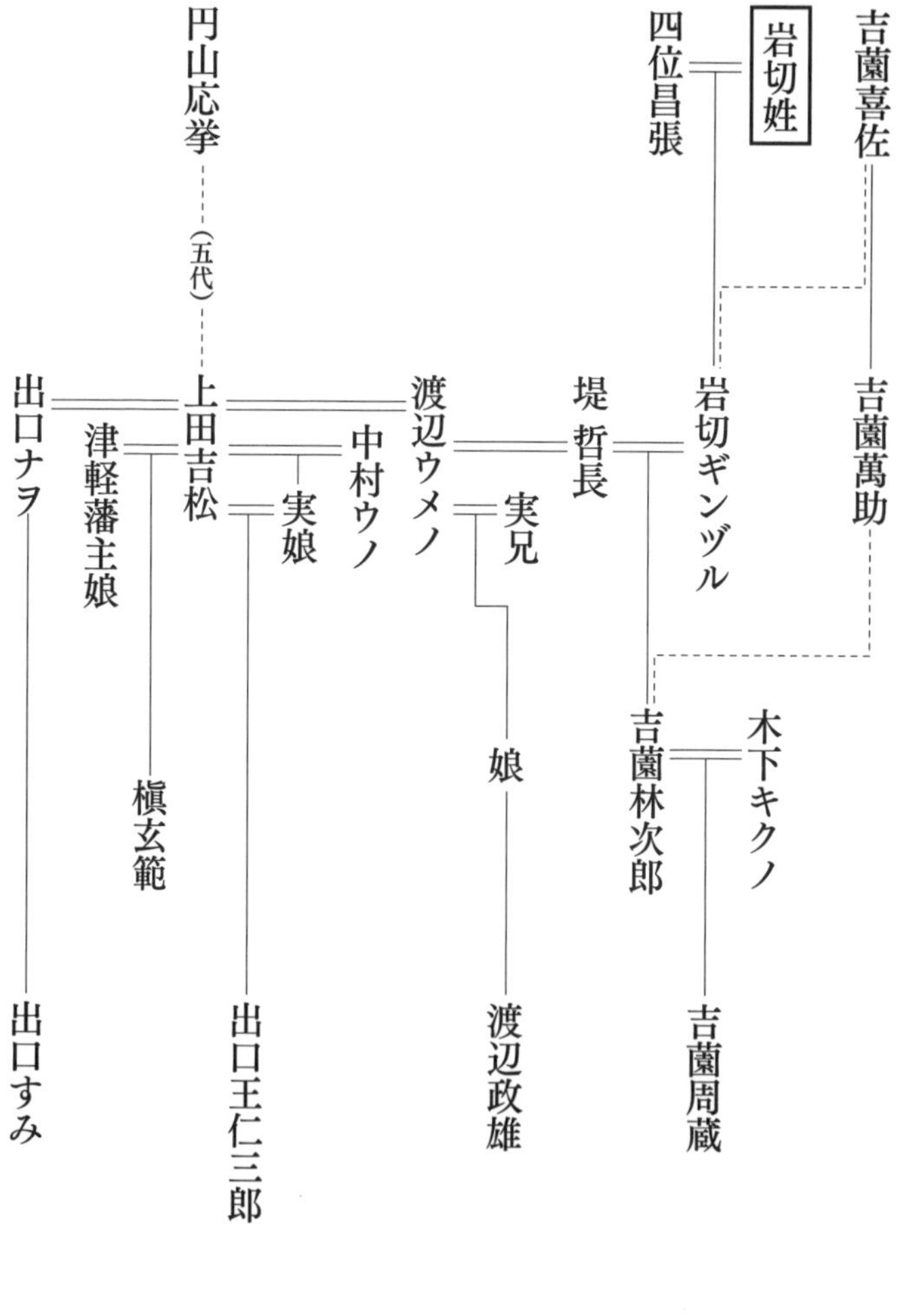

であるが、吉松の本妻ウノとも幼馴染みで気が合い、寄り集まって開教したのが大本教（皇道大本）である。

明治二十五年の開教の儀式に関わった出口ナヲは綾部の大工の未亡人であるが、以前からこのグループと馴染みだったのであろう。

ギンヅルから、ウメノの実家アヤタチ上田家のことを聞いた周蔵は、三年前のことを思い出した。

上田家は　オランダ國に　精通著しく　ケシも　津軽などと違う　種を入手しておったらしい。
この前の時　貰った　あの種は　津軽より　小粒にて　黒種もあったが　あれはこの家の貴重品で　あったらしい。
乗り移りの行事には　かかせない薬　とのことにて　ケシ粉をうまく　利用したのであろう。
以前の資料は　自白利用の手引書であり　閣下は　「これは　良いもんを　入手しもした」と驚いたくらいだが、自分も　あの中から　延命用としての　ケシの極意の箇所だけは　写しとった。
ケシは　これまでの用途が一般であるが　この延命利用の　方法は　誰も　知ら

んらしい。
誰も　痛み止め　と思って　おるからだろう。
それを　この婆さん　「哲長に　よう似ておるから」と　快く　くれた。

穴太村のアヤタチ上田家はオランダ王国の事情に精通すること著しく、罌粟も津軽種などとは異なる種類を入手していた。大正三（一九一四）年に綾部でウメノから周蔵が貰った罌粟《ケシ》種は、津軽よりずっと小粒で黒種もあったが、あれが上田家の貴重品だったらしい。神霊憑依の神事には不可欠な薬というが、罌粟《ケシ》粉の化学作用を憑依にうまく利用したものと思える。

三年前にギンヅルが、黒罌粟《ケシ》の種子と自白用罌粟《ケシ》の手引書をウメノから貰ってくるよう、周蔵に命じたのは、陸軍首脳となった上原勇作が周蔵に作らせる陸軍罌粟《ケシ》の品揃えが目的であった。

あのときウメノから貰った資料は自白利用の手引書で、上原閣下も「良いものを入手してきたな」と驚いたくらいだが、自分もあの書から延命用として利用するときの極意だけは写しとっておいた。

罌粟《ケシ》の用途はじゅうらい知られる鎮痛などが一般的で、延命に利用する方法を誰も知らないのは、誰しも鎮痛用と思いこんでいるからだ。その貴重な知識を記した古文書を、ウメノは「あんたはほんに哲長さんにそっくりやから」と、快く差し出してくれたのである。

その同人物が　このような　吉松を　表上死なせ　出口なる大工の細君に　神をつかせ　鬼三郎を　その後とりに　座らせ　軍人　學者　経済界まで　横歩きするように　広げたるとは　あきれた　ものである。
出口鬼三郎（王仁三郎と名乗っておるらしい）とも　會《あ》う機　あったが　利口か馬鹿か　さっぱり見分けられん　「あほかいな」と　云った所だ。
玄パンを　知っておること　云うと　「爺さんは見たか」と　聞かるるに　薬研におった話をすると　「他人には　云わんように」と　念をおさる。

あの物分かりの良いウメノが、このように、吉松を表向き死なせ、大工の女房出口ナヲに神霊を憑《つ》かせ、その後継者とした上田鬼三郎が、軍人・学者・経済人の世界を横行するまでに教勢を広げたとは、何とも呆れたことである。

出口家の婿養子になった鬼三郎は、王仁三郎と名乗っていた。本人と会う機会があったが、その茫洋たること利口か馬鹿か見分けがさっぱりつかない周蔵は、京都で覚えたばかりの上方弁で「あほかいな」と記したが、これは見損ないでなく、相手が大物過ぎたのである。

周蔵が鬼三郎に、「玄範先生を知っています」と言うと、「あんた、吉松爺さんを見はったんか？」と聞かれたので、「薬研温泉におられました」と話すと、王仁三郎は驚いた様子で、「他人にはそのことを話さんようにしてもらえんか」と、念をおされた。

> 「玄パンが　おってくれるから　大本教の祖として　やれる」などと　大分てらいを　つけて　自分に　氣を使ってくれたが　三居の話しから　「これが宗教の根っこか」と　つくづくと知る。
> 恐ろしいほど　ばからしいが　聞けば　「人心とは　洗脳するに　實に　他《ママ》わいない」との事であった。

明治四（一八七一）年生まれの王仁三郎はこの時四十七歳で、十三歳年上の玄範は六十歳である。周蔵が九十七、八歳と推定したウメノと同年配の吉松は百歳前後とみてよいだろう。吉松の存在を握られたと知った王仁三郎は、周蔵に対する態度をやや変化させた。
「玄範がいてくれるから、わしは大本教の教祖としてやっていけるんや」と、だいぶん衒《てら》った言い方で周蔵に気を使ってくれた。

ギンヅルから内幕を聞いた周蔵は、「これが宗教の根本なのか」と、つくづく覚った。恐ろしいほど単純でバカらしいが、ギンヅルに聞くと、「人心は洗脳に対して実にたわいないものである」とのことであった。

■上田吉松が平然と行った所業

周蔵は、池田氏からこれまで聞いていた上田吉松の所業をまとめて、「別紙記載」に記した。

槇玄パン～ ――――― 實父　上田吉松（上田省一郎　氏家とも云う）
｜
幼名は鬼一郎と云い、槇家の三代目として継ぐ
｜
二代目はおらず
二代目に當《あた》る者おったが　消えてしまった　とのこと
吉松が　「ケシ」をしかけたのではと　池田氏　云う

鬼三郎 ――――― 上田吉松の娘婿の　子供なれど
その實は　吉松が　娘に産ませた　子供の由

この吉松なる人物　そのようなこと　平然と　したるものらしく　想像するも
氣色悪いが　子作りを　大本教の　布教としておる所　まちがいなしのようだ。
大畑に　この男の娘など　数人の事　聞くし　また　神がそれて　イタコになる

娘も多い。近身《ママ》の子供　のせいか　目無しも　数人おった。

吉松の所業は右のごときものだが、なかでも「ケシ」とあるのが「罌粟」なのか「消し」なのか、よく判らないが、どのみち同じようなものだろう。

「托卵」を大本教の布教の方法としているのは間違いないようだ。

大畑湊に吉松の娘が数人いることも、周蔵は聞いていた。また、「神が逸《そ》れて」つまり神霊憑依の失敗なのか、イタコ（巫女《みこ》）になる娘も多い。近親交配のせいか、無眼球症も数人いた。

ちなみに無眼球症ないし小眼球症とは眼球の先天的な疾患で、眼球が小さいか、あるいはまったく無く、症状は先天的な全盲である。原因は染色体の欠損で、眼球形成時に体液の排出が不完全のため、眼球の形成が不十分となることにある。その原因の一つが近親交配といわれている。

池田氏　云わるに　「恐山《おそれやま》の沼にて　顔を洗うと　目が見えなくなる」という話が　広まったが　「何の事はない　自分の娘を　テゴメるから　目の見えんような　子が出來るのだ」と。

この爺さんと　玄パンを　厭《きら》っておったが　ここにきて　納得す。

となると　玄パンが　自分に　親切なるは　何ら　意圖《いと》あると　思わねばならず

氣をつけなければならずと　心す。

池田庄太郎が言うには、「宇曽利山湖《うそりやまこ》の水で顔を洗うと、目が見えなくなる」という話がこの辺りに広まったが、「それは湖の水が強酸性だからではなく、父子相姦のために眼の疾患が出るのだ」と吉松と玄範を嫌がっていたが、その理由がここにきて納得できた。

となると、「玄範が自分に親切なのも、下心があると思い、心せねばならん」と周蔵は肝に銘じた。

第五章

周恩来伝記にまつわる数多の謎

「旅日日記」とウィルソン著『周恩来』の矛盾

大正六（一九一七）年九月に初来日した周恩来は、その後、どこでどうしていたのか。

吉薗周蔵が記した「周蔵手記」本文に、周恩来と呉達閣が一字も出てこないのは、周蔵が周恩来関係の記事を「周蔵手記」の本文に一切記さず、すべてを「別紙記載」としたからで、周恩来と呉達閣《ごたつかく》に対する周蔵の強い意志というか、明確な方針がここに感じられる。

周蔵がこの記載方針を立てたのは大正六年に周恩来と出会った直後である。周恩来に会ったとたんに周蔵が、「偵察か？」との疑惑を抱いたゆえんを、われわれは洞察せねばならない。

周恩来の名が出てくる「別紙記載」として、私が知るのは「大正六年京都行条」だけだが、数ある「別紙記載」のうちでわたしが見たのはごく一部であるから、周恩来と周蔵が東京で会ったことを記す「別紙記載」が存在しないことにはならない。

周蔵が東京でも周恩来と関わっていたことは牛込下宿の一件でも明らかで、そのことを記す「別紙記載」をわたしが見せられていないだけである。

呉達閣についても、ここまでの事情は周恩来と似たようなものだが、大正十（一九二一）年に東大に進学した呉達閣と周蔵は再会する。以後、始まる呉達閣との付き合いを周蔵は、「周蔵手記」本文には記さず、すべて「別紙記載」に記している。

周恩来が登場する「別紙記載」を、吉薗明子がわたしに送ってこなかったのは、単なる偶然でなく、立花大亀がわたしに見せないようにした可能性が高い。

理由はおそらく中国公安に配慮したもので、周恩来の日本留学は近代中国建国に関わる重大国家機密であるから、その真相を第三者（わたし）に解明させたとあっては、大亀和尚のメンツが立たないからではないか、と思う。

■「旅日日記」の行動空白

周恩来の日本留学は周知で、自筆の「旅日日記」の存在も知られていた。長らく公開されなかったそれが、平成十（一九九八）年に部分的ながら公開され、日本でも中国研究家の矢吹晋が編集して『周恩来「十九歳の東京日記」』のタイトルで、翌年に発刊された。

その中の矢吹晋による解説（以下、「矢吹解説」という）は、下記のように述べる。

（大正六年）六月二六日、南開学校の卒業式では国文が最優秀賞に選ばれ、卒業生を代表して「答辞」を述べた周恩来は、一九一七年七月下旬、同級生李福景（字は新慧）らと北京へ出向き、「日本への官費留学」の道を模索し始めた。

奔走の挙句、友人や恩師などから借金してどうやら最低限の費用は工面できた。そこで九月、有名な七言詩「大江歌罷」を残し、天津港から日本に船出し、横浜港に着いた。

日本ではまず早稲田に住み（張瑞峰と同室）、ついで神田の「日本人の旅館」に下宿し、「慣れない日本食を食べ、多数の魚を食べ」、東亜高等予備学校に通った。「日本旅館は中国旅館よりも静かで、喧嘩がなく、勉強するのに便利だ」（陳頌言宛書簡、一七年一二月二二日）。

公開された「旅日日記」は、「民国七年版学生日記」と題するもので大正七年一月一日から始まるため、大正六年九月から十月までの周恩来の足取りは判明しない。民国六年版も存在すると思われるが、後述の理由により未発表とされている可能性が高い。

ともかく「矢吹解説」は、大正六年九月から十月までの記録不在に焦点を当て、「周恩来の第一次の行動空白」と呼ぶ。それは良いとして、まず右の「矢吹解説」の文中での**太字**にした部分は明らかに誤りであるから、それぞれ下記のように修正すべきである。

横浜港に着いた↓神戸港に着いた

まず早稲田に住み（張瑞峰と同室）↓まず京都に住み（呉達閣夫妻と同室）

ついで神田の「日本人の旅館」に下宿し↓上京して牛込の下宿に住み

大正期の面影を残す
昭和初期の神田界隈、
神田明神祭礼時の模様

「周恩来ここに学ぶ」と記された
東亜高等予備学校址（千代田区
神田神保町２丁目）

先行する伝記の「韓某」とは

その理由を述べよう。

昭和五十五（一九八〇）年六月、英国人記者で作家のディック・ウィルソンが評伝『周恩来』を執筆するため台北で呉達閣に会った目的は、許芥昱《きょかいゆう》の評伝『周恩来』に「韓某」として登場する人物が仮名で、本名は呉達閣であることを確認するためであった。

その折、ウィルソンが達閣本人から聞いたのは、「大正六年九月に神戸港に着いた周恩来を迎えたのは、南開同学のわたし（呉達閣）だった」ということである。昭和五十九（一九八四）年に刊行になったディック・ウィルソン著『周恩来』は下記を述べる。

神戸港で旧友の呉の出迎えを受け、**すぐに東京へ**向かった。東京ではまず神田の東亜予備学校に入学した。**親切な婦人の世話**で、他の中国人学生二人と一緒に、日本人の大工の家の二階に下宿することとなった。

牛込の山吹館という映画館の近くで、学校にも近かった。

ウィルソンが、「**すぐに東京へ**」としたのは、京都の呉達閣の下宿に滞在した約一カ月のことを省略したのである。台北会見で達閣がこの滞在に言及しなかったのは、深く触れられたくなかったからで、それには理由がある。先述のモグリ聴講の一件である。

ところで、平成六（一九九四）年に発表されたハン・スーイン著『長兄』も、次のように述べる。

東京に着くと、南開中学の同窓生たちが彼を迎え、下宿先を探してくれた。彼は、**大工の家の二階**に、ほかの二人の留学生といっしょに暮らすことになった。

その小さな家は**牛込区**にあり……、

簡単な記述ではあるが、ウィルソン説との間にとくに矛盾がないのは、ようするにハン・スーインはウィルソンの説を祖述したからである。

さて大正六年十月十二日に京都にいた周恩来が、十月に東京神田の東亜高等予備学校に入校するからには、入校の直前に上京したことになるが、十月二十六日夜に東京に着いた周蔵たちとは同便でなく、周蔵たちに数日ほど先行し呉達閣が付き添ったとみるのが自然であろう。

神戸港に着いた周恩来を迎えた呉達閣が京都の下宿に一カ月ほど居候させたことを、両人とも留日仲間に語らなかったので真相が伝わらず、周恩来の足取りについて説が分かれる原因となったのであろう。

呉達閣が、それから半世紀以上経ったウィルソンとの台北会見でも、周恩来の京都滞在を語らなかったのは、先述の河上肇講座モグリ聴講をかくすためと思われる。

呉達閣に伴われて上京した周恩来は神田中猿楽町の東亜高等予備学校に入るが、達閣は学生運動に奔《はし》り、一高特別予科に復学したのは（台湾の人物録によると）大正七年秋で、進学試験に合格して本科が三高文科と決まったので、再び京都へ行くのである。

「第一次の行動空白」は、右にみたごとく神戸上陸説に立てば直ちに解決する。ジャンケンと同じく、研究書でも後出しが有利なはずなのに、「矢吹解説」がウィルソンの神戸上陸説を棄てて横浜上陸説を立てた理由は、ウィルソンより四年遅れて一九八九（平成元）年二月に出た金冲及の『周恩来伝』に引きずられたものであろうか。

中国当局と創価大学の「共同偽史工作」

ウィルソンがハッキリさせた神戸上陸説を、その後に出たいくつかの周恩来伝記が、ハン・スーインを除いて、だれも支持しなかったのはなぜか？

後から出たのが正しいとは限らず、今さら金冲及の著を調べる気にもならないが、金冲及より五年後の平成六年の刊行で、「周恩来研究の決定版」と自賛するハン・スーインの『長兄』も支持するウィルソン（神戸上陸）説を、「矢吹解説」が無視したのは、後述するように呉達閣と呉滌愆《できけん》を別人と見誤ったからである。

ウィルソンと呉達閣の台北会見を無視する〝後出し伝記〟は「矢吹解説」を含め、呉達閣に替えて、「諱が翰濤・字は滌愆」なる人物を出すことで、人物の同定を避けたのである。例外はハン・スーインだが、これはウィルソンを祖述しただけである。

これとは別に、ウィルソンは、「昭和十三年の西安での国共合作交渉《こっきょうがっさく》において、呉達閣が周恩来と再会した」一件を述べている。これも台北会見で呉達閣から聞いたことなのに、ウィルソンの祖述者ハン・スーインがことさら無視したのはきわめて不自然で、理由は政治的なものと推察される。

ところが、「旅日日記」が公開されたら、京都にいた呉翰濤の名が出てきた。日本版の編者矢吹晋は、これが呉滌愆のこととは気が付かなかったものの、以後の周恩来の研究者は、この呉達閣を東京で呉滌愆（諱は翰濤）と呼ばれている人物と同一人と認めざるを得なくなったのである。これが同一人物と分かれば困る事情がある。中国共産党は言うまでもないが、中国国民党にもそれがある。

理由は、呉達閣が台湾政府の要人として知られた呉翰濤（字は滌愆）だったからである。南開中学同窓として周恩来の留日生活を最も支援した呉翰濤が、西安事件以後の国共合作を周恩来と協議したと判れば、周恩来を見る目が変わってくるが、それだけでなく、張学良を交えた三人の関係の奥底が見えてくるのである。これに王希天を加えればなおさらである。

そこで、金沖及の『周恩来伝』に「旅日日記」の記載を織り込みながら、史実との矛盾を避けるための新たな隠蔽工作が始まった。

平成十四（二〇〇二）年に発刊の創価大学と南京大学の共同研究『周恩来と日本』が、ウィルソン説（京都滞在説）を否定する。同書の二九九ページは下記のように述べる。筆者は創価大学教授川崎高志であるが、根拠らしい根拠を挙げるに至っていない。

「韓某」という名前は、ウィルソンが、一九八〇年六月に台北でインタビューした人物で、「呉達閣」という名前であるとされている。また、金沖及主編『周恩来伝』では、南開の学友「呉翰濤」の名前と滞在の事実のみ挙げられている。

周恩来の京都滞在は、一九一八年冬にあったとされる許芥昱の説は、ほとんど考えられない。（中略）したがって周恩来が京都を訪問したのは、帰国直前の一九年春だけだったと考えるのが妥当と思われる。

川崎高志はこのように唱えているが、大正六年秋に呉達閣が京都にいたことが、「別紙記載」により判明したので、ウィルソン説が正しい裏付けとなった。

周蔵が京都で周恩来と会ったことを、わたしが発表したのは、『ニューリーダー』平成九年九月号であるから、その五年後に発行された創価大学と南京大学の前掲『周恩来と日本』は、わたしの説を知りながら、故意に否定した可能性がある。

こういうと、「いやいや、あなたの説など川崎先生は知らないよ」との声もあろう。たしかに創価大学はさもあろうが、中国公安はそんなに「油断」な組織でないことを、わたしは熟知している。

政治的文化工作の目的は「呉達閣の隠蔽」

ウィルソンの達閣本人からの聞き取りと、「別紙記載」の本条を併せて判断すると、結論として、「呉達閣の指示で神戸に上陸した周恩来を、達閣が神戸まで迎えに行ったのは、京都の下宿に居候させる目的」とみるのが最も自然で、筋も通り、真相と断言してよい。さらにいえば、京都の下宿に滞在した周恩来は、呉と二人で、何か工作をしていたものと思う。

呉達閣が一高予科を休学して京都に滞在したのも、里戻りの顔見せだけでなく、工作の目的もあったのだ。それを周蔵が一目で見破ったのは、お互いに特務同士で「同じ穴のムジナ」だったからである。周蔵の根拠は、先に述べた京大でのモグリ聴講であろう。

ウィルソンの神戸上陸説を知る矢吹晋が、あえて横浜到着説を立てた理由は何か。私見は、周恩来の日本留学の真相をめぐり中国当局と創価大学が共同で行った〝偽史工作〟に、矢吹が誤導されたものと思う。

となれば、ウィルソン・許・落合が唱える京都滞在説を川崎高志が否定する理由は明白で、「南開三羽烏」が表面化すると、現代中国の政体が困るからであろう。ほんとうは「一九（大正八）年春の滞在」さえ否定したいのだが、「雨中嵐山之詩」が遺るからそうもいかず、前掲の川崎高志説となったのではないか。

右の逆を考えてみよう。「矢吹解説」および創価大・南京大系の伝記『周恩来と日本』が唱えるように「横浜港に着いた」とすれば、周恩来に一種のドッペルゲンゲル現象（自分自身の姿を自分で見る幻覚の一種。自己像幻視）が成立してしまう。

しかも、ドッペルゲンゲル現象はそれだけではなく、「矢吹解説」がいう周恩来の「第二次行動空白」もまた、ドッペルゲンゲル現象をもたらすのである。わたしのいうドッペルゲンゲルは、正しくは「二体分け」のことである。

創価大系伝記の『周恩来と日本』が、周恩来の行動を詳しく分析する目的は、実にこのドッペルゲンゲルの解消なのである。それも、真相を明確にするためでなく、重大事実を隠蔽する目的を秘めた政治的文化工作なのである。

周恩来の第二次「行動空白」

「矢吹解説」がいう「第二次行動空白」は大正七（一九一八）年の秋以降のことである。

その春に行われた東京高等師範の入試に失敗。次いで第一高等学校にも不合格だった周恩来は、夏休みに一時帰国するが、九月に再来日してから、またも京都に行く。

その時期がハッキリしないのである。大正八年春に周恩来が京都に滞在していたことは、「雨中嵐山」の詩により確かだが、その前は東京にいたはずなのに、そこがハッキリしないと「矢吹解説」は言うのである。

「矢吹解説」の続きを見てみる。

芳しくない受験結果を報告し、今後の方針を考えるため、周恩来は夏休みを利用して一時帰省した。七月二八日朝鮮経由で天津に帰郷し、九月四日東京にもどっている。

旅行中の日記は詳しいが、東京に戻った九月以降、周恩来日記の記述は極端に少なくなる。ほとんど手紙の発信と受信のみしか記述がない。これはもともと記述がないのか。それとも公表をはばかり編集者が削除したものか、理由は不明である。その短い記述も一九《ママ》年一二月二三日をもって終わる。

それから一九年五月初めの帰国まで、周恩来の生活、いわんや内面の葛藤を知る資料は欠けている。年が明けて一九年三月、母校南開学校に大学部が併設されるとのニュースが伝わり、彼は帰国して母校で学ぶ決意を固めたとされている。帰国前の四月五日京都嵐山を訪れ、「雨中嵐山」の詩を書いた。

日本滞在は一年七カ月（一七年九月〜一九年四月）にすぎなかった。日記の空白期に周恩来がどのような生活を送り、何を煩悶していたのかはまだナゾとして残されている。

ウィルソン説とハン・スーイン説は、大正七年秋に呉達閣夫妻に招かれた周恩来は、再び京都へ行き、八年春の帰国まで長逗留したといい、ここが「矢吹解説」のいう「第二次行動空白」に該当するのである。

結局のところ、先行する二つの伝記と「矢引解説」が異なる点は、大正六年の九月、および七年秋から八年初頭までの周恩来の行動の解釈である。右に見たように、「第二次行動空白」を問題視する「矢吹解説」と、ウィルソンおよびハンの説との相違点は、「呉夫妻が大正七年秋に周を京都に招いた」という事実の認否である。

もっとも、「矢吹解説」はその是非を断定せず、あえて両論を併記する。大正七年九月から八年四月までの七カ月の空白期について、「伝記作家たちはさまざまに書いている」とし、代表的な説を二つ紹介するとして、下記のごとく両論を併記するのである。

金冲及の『周恩来伝』に拠れば、一時帰国後の周は「東京の神田三崎町にあった王樸山の家の二階に寄宿していた」とあり、（勉強熱心で沈着冷静な日常を過ごしていたが）南開学校が大学部を創設するという知らせを受けて帰国を決意し、三月、南開学校同学で第三高等学校に学ぶ呉瀚濤の京都下宿にしばらく滞在、四月天津に向けて帰国した。これが第一の説である。

一方、ディック・ウィルソンの『周恩来』には、空白期における対照的な周恩来像がかかれている。すなわち「七年秋には、周恩来は京都の呉瀚濤夫婦（ともに国費留学生）の家に身を寄せている。呉夫婦は以前から周恩来の滞日中の生活費を工面していたらしい。呉は周恩来に当時、京都帝大経済学部で教鞭をとっていた河上肇の思想を通してマルクス主義を紹介し、京都大学入学を勧めたらしい。周恩来も神田の住所で願書を書いたが、提出の有無は不明である」とのウィルソンの所説を、第二説とする。

周恩来が再来日した大正七年九月から八年四月までの七カ月の真相を、金冲及は「東京の下宿に三月まで逼塞していた」といい、ウィルソンは、「大正七年秋に呉瀚濤（＝達閣）に招かれて京都に移り、呉の下宿に居候して過ごした」というから、両者は真っ向から矛盾するのだ。結果的にはウィルソンを祖述したことになるハン・スーインだが、自分でも一応の調査をしたのは当然で、その結果、ウィルソン説を支持したのである。

——これが送受信記録のトリックだ！

ところが平成十（一八九八）年に周恩来の自筆「旅日日記」が発表されたら、そこに書信のやり取りの記録が出てきた。

大正七年九月四日に東京に帰着した周恩来の「旅日日記」に連日のように記されているのは、行動記録でなく受発信記録だけである。

京都にいる呉滌愆（＝達閣）からの受信は九月二十日に始まり、以後は十月五日に受信。十二日に受信して返信。十九日に受信。二十一日に受信。十一月に入り二十八日発信、二十九日受信して葉書で返信、としてある。

この受発信の記録をみれば、ウィルソンらの京都滞在説は、①居候が寄留先と交信していることになる、②居候していたとしてもたかだか数日のこと、③短期間に京都との往復を繰り返していた、のいずれかになり、いずれにしても、かなり無理がある。

呉達閣以外の留日仲間との書信の往復も、連日のごとくあるが、「旅日日記」にはその日の送受信相手の名前を記しただけである。

なかに送受信相手の名前以外を記した短文が五件だけあるが、十月十七日を除けば、いずれも名前の字数と変わらぬほどの短文である。

九月四日　　短文
十月十一日　短文
十月十七日　やや長い短文
十月二十日　短文
十一月十一日　短文

右の短文は、十月十七日分を除くと「行動記録」とはとうてい言えず、むしろアリバイ作りの観がある。だからこそ「矢吹解説」は、これをにわかに信じることを避け、「これはもともと記述がないのか。それとも公表をはばかり編集者が削除したものか」との疑問とともに両論を併記したのである。

わたしも感覚的に「矢吹解説」に与《くみ》する者で、そうするとウィルソン説を認めねばならなくなるが、多分これが正しいのだろう。ウィルソン説に対する反証は、「旅日日記」の送受信記録であるが、これもアリバイ用のトリックとしてみれば合理的に説明される。

そこで考えられるのは、次のいずれかである

①周恩来が「旅日日記」に送受信記録を事後的にまとめ書きした、

②周恩来のいとこ（後述）が本人に成りすまして、下宿で受発信していた、

これに対し、「送受信の相手を無視した虚構は破綻する」との反論が予想されるが、「旅日日記」が世間に発表された時に、送受信相手の誰が生きていたというのか。

呉達閣のドッペルゲンゲル現象

真相を論じる前に、ウィルソン（とハン・スーイン）および矢吹晋の、双方が犯した大変な誤りを指摘しておかねばならない。

それは、呉姓で「諱《いみな》」を瀚濤という人物が、滌愆《できけん》と達閣の二通りのアザナ（字）を使い分けていたことに、だれも気づかなかったことである。

歴史上に名を遺すその人物を、ウィキペディアは、「諱《いみな》」は呉瀚濤、「字《あざな》」は滌愆、達閣は「別号」とする。これが腑に落ちないわたしは、達閣とは第二の「字」でなく、別の「諱」すなわち「偽名」ではないかと思うのだが、中国人の名前に関する慣習に詳しくないので、目下はこれを指摘するにとどめる。

吉薗周蔵の「別紙記載」に出てくる人物は、ウィルソンが台北で会った人物で、「呉達閣」として登場する。ところが「旅日日記」では南開同学で「呉滌愆」の字で呼ばれているので、ウィルソン著『周恩来』を参考にした「矢吹解説」は、これが「呉滌愆」と同一人物であることに気づいていないのである。

その理由は、矢吹が編集した『周恩来「十九歳の東京日記」』の一三頁をみれば、おおよそ見当がつく。「旅日日記」には留日仲間の名前がたくさん出てくるが、同書一三頁はその一覧図で、まず「名前」を掲げるが、中国の習慣で友人間では「諱」を用いないから、この「名前」とは「字」であろう。また留日仲間の大半に「別名」が付されているが、この「別名」は「諱」とみるべきだろう。

同書一三頁の図は、呉滌愆と王希天および張滌非の三人は「字」だけで「諱」が記されておらず、そのために「矢吹解説」は、呉滌愆の「諱」が「翰濤」と気が付かなかったのか、と思われる。

その証拠が、「矢吹解説」の前掲文であるが、重要なので再掲する。

> ディック・ウィルソンによれば、大正七年秋には、周恩来は京都の**呉翰濤夫婦（ともに国費留学生）**の家に身を寄せている。**呉夫婦は以前から滞日中の生活費を工面していたらしい。**

「矢吹解説」が、両論併記とはいえ、ウィルソン説を採用したのは結果的に正解だが、「旅日日記」にあれだけ頻繁に出てくる「呉滌愆」の正体に、矢吹が全く興味を持たなかったのが惜しまれる。

あと一歩進めば、呉滌愆の「諱」が翰濤と分かり、ひいては達閣がその「別名」であることに到達できたはずである。そして、「第二次行動空白」に関わった呉翰濤が「第一次行動空白」の呉達閣と同一人物と知れば、「行動空白」についての理解が開け、ひいては周恩来との特別な関係を感じるはずであった。

もっとも、矢吹が「旅日日記」の受発信記録を怪しんで両論併記としたのは、さすがと思うが、さらに一層の楼へ上らなかったことを、大学先輩の矢吹晋のために惜しむ。

伝記作家ウィルソンの誤解

ところがウィルソンにも問題がある。

ウィルソンの著『周恩来』が、大正七年秋に周恩来を京都に招いた人物を、呉瀚濤でなく「呉達閣」としているのは、「字」で呼び合う中国の習慣といえばそれまでであるが、金冲及の『周恩来伝』などの伝記には「諱」を使っているので、どういう基準で使い分けるのか、よくわからない。

ウィルソンは、自著に先行する周恩来の伝記すなわち昭和三十六（一九六一）年刊行の松野谷夫著『中国の指導者——周恩来とその時代』および昭和四十三（一九六八）年刊行の許芥昱著『周恩来』が、姓を「韓」とする人物が、実は呉達閣であることを明らかにした。

許芥昱・松野は〈韓〉という姓を使っているが、(呉と)同一人物である。筆者は本書を執筆する目的で、一九八〇(昭和五十五)年に台北で彼と会った。

つまり呉達閣は、許芥昱に頼まれて周恩来伝の執筆のための情報を提供した際、自分を「韓某」の仮名とすることを条件にしたのである。その許芥昱の著『周恩来』をみたウィルソンは、周の旧友の南開同学の名が「韓某」でなく「呉達閣」であることを、どこかで聞きつけた。周の伝記を執筆する目的で、国際法学者の呉達閣を台北に訪ねたウィルソンが、「達閣先生」と呼び掛けると相手は応じたのだろう。ところが、その相手に偽姓を用いた理由を追究しなかったどころか、「諱」さえ糺《ただ》さなかったのが、どうしても解せない。

ウィルソン著『周恩来』は、昭和十一(一九三六)年の西安事件の後、共産軍ナンバー・ツーの周恩来に対し、「国民党側の停戦条件を持ってきた使節団の中に呉達閣がいた」と述べる。昭和十二年二月十日、西安にいた周恩来のもとに国共合作の最終案をもたらした国民党使節団の中にいた呉達閣が、十七年ぶりに会った周恩来と会話した際のささいなエピソードは下記のようなものである。

呉達閣と再会した周恩来は久闊《きゅうかつ》を叙《じょ》した後、「奥さんはお元気ですか?」と尋ねた。「何とか元気で」、「お子さんは?」、「一人います」とのやり取りまでは良かったが、周が「まだ同じ奥さんですか？」と聞いた途端、達閣の態度が冷たくなった。

ウィルソンはこれを、「国民党員の生活が腐敗している」と共産党が常に非難していたことから、誤解を招いたものと解しているが、浅見であろう。

これからすれば、両人がその前に会ったのは大正九（一九二〇）年のこととなる。当時周恩来は南開大学の学生で、天津で学生運動を指導して投獄された時期もあった。一方、呉達閣は三高文科の三年生だから、休学して天津で学生運動に加わったことになるが、その真否はどうでもよい。

状況から推測すると、ウィルソンが両人再会の秘話を知ったのは台北会見の際で、他ならぬ呉達閣から聞いたとみるべきであろう。

国共合作協議の際の周恩来との再会一件はおろか、周恩来の渡日支援を台湾社会に隠したい事情のある呉達閣は、初期の伝記では、「韓某」とすることを条件に取材に応じたわけである。その「韓某」が偽名と、どこかで聞いたウィルソンは、本名を確認するために台北に行くが、本人に会うまでその人が呉達閣であることを知らなかった。本名が判らないから事前調査もできず、「諱」を翰濤と知らなかったのだ。

かつての交友を進んで明らかにしたくない呉達閣が、再会一件をウィルソンにバラしたのはなぜか。おそらく、「国共合作の経緯はすでに世間に知られていて、ウィルソンが調査すればすぐに発覚する」と考えた呉達閣は、あえて先手を打ち、この秘話をウィルソンに明かしたのであろう。

ここで湧く疑念は、周恩来との再会一件を呉達閣から明かされたウィルソンが、眼前のその人を国際法学者呉達閣と思っていたのは当然だが、かつて中華民国で中将兼合江省政府主席に就いていた呉翰濤であることを認識していたか、ということである。

台湾で公刊されている人名録に、国民党の長老で国際法学者として名のある呉翰濤は、「字」が滌愆とされ、達閣は記されていない。しかし、ウィルソンが眼前の人物に諱を問えば、ただちに呉翰濤と答えたはずである。

眼前の人物を翰濤と知れば、「それじゃ、あの呉翰濤と同一人か！」と驚嘆するのが当然で、ジャーナリストのウィルソンが、それについて『周恩来』に書かないはずはないが、現実は書いていない。

万が一、呉翰濤と認識していなかったとすれば、台北会見で本人は達閣と名乗りながら、諱を言わなかったことになる。しかし、記者として会見した相手にウィルソンが諱を問わないことはありえまいし、もし聞き洩らしたとしたら、その迂闊《うかつ》さは、とうてい記者などと言えるものではない。

いずれも不自然であるが、結局、ウィルソンが呉達閣と呉翰濤を同一人と認識していなかった、と解するほかはない。その理由に関する私の推測は、下記の通りである。

——呉達閣は台北で会見したウィルソンに諱を名乗ったが、それは翰濤でなく達閣であった。

つまり、台北会見で、ウィルソンが会った「韓某」は、姓を呉、諱を達閣と名乗ったのではないかと思う。

ハン・スーイン（韓素音）の真相隠蔽

平成九（一九九七）年に、周恩来伝の決定版と銘を打たれた『長兄』が刊行された。『長兄』の著者ハン・スーイン（韓素音）は、映画『慕情』の原作者として知られる有名作家で、周恩来に十一回も会い、ウィルソンにも協力してもらったという。

一方で、一九八八（昭和六十三）年の「南開大学・周恩来セミナー」に出席して最新の論文資料を収集したから、それら資料が南開中学出身の呉達閣をどのように扱っているか興味深いが、これを基にしたハン・スーイン著『長兄』は、「二月、蔣介石の代表が西安に着いたが、協定の締結にはいたらなかった」とするだけで、呉達閣の名を挙げていない。

ウィルソンの祖述者としてその著にある「再会一件」を知っていて当然のハン・スーインは、周恩来に十一回も会うなかで、少なくとも一度は再会一件を質《ただ》したはずである。それなのに『長兄』でまったく触れないのは、国共合作協議に関する限り、ウィルソンの祖述を故意に避けたわけである。

このことは極めて重大な意味がある。もちろん政治的な意味だ。

ウィルソンの祖述者のハン・スーインとしては、『長兄』で再会秘話を外したことに対する明快な説明が必要である。

ハン・スーインがすべきであった説明は下記のいずれかである。

①ウィルソンが誰かに騙されて、ありもしない虚構を書いた。
②ウィルソンが嘘を承知で書いた話であるから無視した。
③ウィルソンが誰かから聞いた話で、自分で書こうとしたが、裏付けを取れなかった。
④ウィルソンは真実を書いたが、ハンとしては書けなかった。

①と②は、まず、ありえないから、③か④のいずれかとなる。③ならば、ハン・スーインは『長兄』の文中でそれを仄《ほの》めかせばよいのに、そうしなかった。したがって結論は④である。

およそ伝記とは、「何を書いたか」より、「何を書かなかったか」が、重要である。ハン・スーインは再会一件を隠したことで、かえって、再会一件に秘められた重要性が浮上したのである。

ハン・スーインに、呉達閣と周恩来の再会一件を書かないように仕向けたものは誰か？ 読者はすでにお分かりのはずである。

『長兄』の論調からすれば、著者ハン・スーインは、台湾政界の要人で、国際法学者としても知られる呉翰濤を、「字」で呉滌愆としてしか認識せず、周恩来の支援者であった呉達閣とは別人と思い込んでいたことになる。

しかしこれは、まずありえまい。ウィルソンが呉達閣と台北で会見したことは日時を含めて明確であるから、その気で調査すれば必ず呉達閣の素性を「諱・翰濤」として確認できたはずだ。たとい母はベルギー人でも、民国人を父とするスーインは、自分も「周光瑚」の「諱」を持つのに、呉達閣の「諱」を調べないわけがない。

それが翰濤と分かれば、台湾の人名事典ですぐに素性が判り、ついでに第一の「字」が滌愆であることも分かったのである。しかも驚くべきことに、「南開大学・周恩来セミナー」の時点で、呉達閣は九十五歳の高齢ながら生きていて、国民党政府の総統府参事に就いていたのである(同年十二月二十二日に死去)。

台湾で刊行されている人名事典の『国史館現蔵民国人物伝記史料彙編』も、『民国人物小伝』も諱が瀚濤、字を滌愆とするだけで達閣名を挙げず、掲載する事歴も一般的伝記と似たものをならべただけである。

南開同学の周恩来の日本留学に尽力したとして呉達閣の名を挙げながら、西安事件で再会した周恩来と国共合作に協議したことに、まったく触れていないのは、敵性人物の周恩来と親しかった事実を台湾の一般社会に隠すための隠蔽であろうか。

しかし、世界史的事件の「国共合作」ともなれば、史料も存在し、研究者も多いはずである。しかも呉達閣はリットン調査団にも加わっている。これを調べれば呉翰濤の名はやがて焙《あぶ》り出されるはずだから、呉達閣の周恩来支援を挙げながら、国共合作を隠すのは、「頭隠して尻隠さず」のきらいがあろう。

となれば、推察される事情は、「ハン・スーインが厳重に口止めされた」ということである。生涯この「再会一件」に触れたくなかったはずの周恩来は昭和五十一（一九七六）年に他界したから、口止めしたのは建国の秘密の暴露を恐れる中国公安とみるのが妥当であろう。

素人《しろうと》考えではあるが、ウィキペディアには「別名」とある「達閣」は、ほんらい偽諱すなわち偽名ではないかと、わたしは思う。理由は、留日仲間のうちでは字「滌愆」を称していた呉瀚濤が、京都で初めて会った周蔵に「達閣」と名乗ったことで、尊敬すべき相手に初めて会うときは、諱を名乗るのが礼儀ではないかと思うからである。

呉翰濤本人が名乗った「達閣」が「偽諱」だったなら「同体異名」を用いたことになるが、これは「二体分け」と称する丹波アヤタチ衆の常套手段である。呉達閣が来日当初、日本人に対して偽名を用いていた目的はともかく、もたらした効果は眼前にある。それは矢吹晋に、「呉達閣と呉滌愆が同一人物」と、気づかせなかったことである。

近来発表された「旅日日記」を見れば、大正七年秋の周恩来は、連日のごとく王希天や京都の呉達閣などの南開同学たちと書信を往復していたことが分かるが、日記は持ち運べるから、東京にいた証拠はない。しかも、「旅日日記」には、七年秋の周恩来の行動記録が一切なく、あるのは受発信記録だけであるが、これは本人がその気になれば、後日でも書ける。

このあたりを怪しんだ矢吹晋が、中国当局の工作との疑惑を抱いたのはさすがと思う。そこで、周恩来が東京にいた、との断定を避けた矢吹は、「この『東京日記』の最大のテーマは、その空白を読むことかも知れない」と示唆したのである。

その矢吹も、京都に現れた達閣が、東京に移って字を滌愆と呼ばれた人物とは気づかず、そのために大正六年九月の達閣の京都滞在を見逃してしまい、「行動空白」としたのが惜しまれてならない。

周恩来寓居の追究

周恩来に関する研究の最新版と思われるのが創価大学・南京大学系の周恩来伝『周恩来と日本』である。

その第四章に、客員研究員川崎一彦が、日記や書簡等に記されたことを基に周恩来の東京の寓居について記すから、これを以下に掲げる。

①大正六年九月から十二月　牛込区山吹町　張瑞峰の下宿
②大正六年十二月中旬から七年一月十日　神田区表猿楽町二　玉津館
③大正七年一月十日から二月一日　神田区中猿楽町三　松沢方

④大正七年二月一日から二月二十四日　日暮里　霊梅院
⑤大正七年二月二十四日から七月十日　神田区三崎町　王樸山下宿
一時帰国
⑥大正七年九月四日から　神田区三崎町　王樸山下宿
⑦時期不明　柏木（現・中野区東中野）　赤羽方

右が周恩来寓居であるが、これですべてではなく、明らかに存在したものの時期が分からない寓居が何カ所か在る。

⑦の赤羽方もその一つで、所在と経緯はハッキリしているが時期が分からない。川崎一彦は①と並べて(a)金島建具店を詳説するが、それをば①と断定しないので、何となく①とは、別の下宿のような気がする。

また川崎は、①「大正六年九月から十二月　牛込区山吹町　張瑞峰の下宿」とするが、同年九月から十月末にかけて、周恩来は京都の珍味屋の下宿にいたから、①は十月末から十二月中旬までの半月間の居候である。

さらに、②も③も④も、すべて一カ月に満たない下宿生活であり、ようやく落ち着くのが⑤で、五カ月弱の滞在であるが、この間に⑦があるし、また、(b)藤根大庭が経営していた牛込簞笥町の下宿にいたこともたしかである。さらに、前述の(c)表猿楽町三番地の竹村方がある。

したがって、少なくとも、東京の寓居として下記の三カ所を加えなければならない。

(a)牛込山吹町　金島建具店

(b)牛込簞笥町《たんすまち》　藤根経営／大家は八代（矢代）

(c)表猿楽町三番地の竹村方

また京都では、呉達閣と同居していた、下記の二カ所を忘れてはならない。

㋐大正六年九月から十月末　珍味屋の経営する下宿

㋑大正八年秋から九年四月　左京区吉田安達町

「別紙記載」の「大正六年秋の京都行」条に一度出るだけの周恩来は、「周蔵手記」の本文には一切出てこない。

「別紙記載」にも、わたしが知る限り、二度と出てこないが、だからといって周蔵と二度と会わなかったわけではない。わたしが見ていない「別紙記載」が他にも数多くあるから、周恩来の記事があって当然である。

現に、(b)すなわち藤根大庭の牛込の下宿屋に周恩来が棲んでいたことは、井戸端会議の女房たちの具体的な話題として残り、吉薗家に伝わっている。内容は尾籠《びろう》なものであるから簡単に言うが、ようするに「ケツの穴の大きい人物だから、将来大物になる」と、噂《うわさ》しあったという。聞くところでは、この下宿は牛込箪笥町にあり、後藤新平の密命を受けた藤根が、民国留学生の動向を探るために、配下の叩き大工の女房たちに運営させていたという。藤根の〝アタマ〟の後藤新平は、大正五（一九一六）年から七年にかけて内務大臣に就いていたから、留日民国学生用の下宿を内務省が藤根に運営させていたものと思われる。

南開三羽烏の一人王希天は、大正四年に来日して同六年の一高予科試験に合格したが、神田城西教会と中華ＹＭＣＡを拠点に社会運動をしていることを特高警察はすでに把握していた。大陸とくに天津から吹き込む左翼思想の風を懸念する内務省は、民国留学生の動向を探索していたのである。王希天が特高のリストにある以上、その学友の呉達閣と周恩来が注目されたのも当然であった。

大正六年秋に初来日した周恩来は、一カ月ほど京都の呉達閣の下宿に居候したが、翌年の秋も京都に再来して、三高文科に入った呉達閣の借家に同居する。このような世界史的人物が同室していたとなれば、その下宿を探しあてることにも意味があろう。

『創大アジア研究』「日本留学期の周恩来と京都訪問についての一考察」（川崎高志）は、本部《もとぶ》廣哲《ひろてつ》が、周恩来が居候していた借家の所在を「現在の左京区役所になっている場所にあった二軒並びの北側」と突き止めた、と述べている（『中外学者再論周恩来』中央文献出版社）。

本部廣哲は学校法人南京都学院の創立者で、当然ながら京都に土地勘がある。その研究により現在の左京区吉田中阿達町《よしだなかあだちちょう》と判明したが、これは大正六年に周蔵と出会った珍味屋の下宿ではなく、大正七年に友人と借りた借家のように思われる。

周恩来は周蔵や佐伯と同業の「國體探偵」

藤根の経営した民国学生用下宿に周恩来がいたことを、吉薗明子から聞いていたわたしは、大正六年秋以後の「別紙記載」に周恩来の記載がないことを不思議に思い、心中ひそかに真相を求めていた。

これに断を下してくれたのがネヴァダ大学の伊東真弓教授で、「その下宿は周蔵さんが紹介したのですよ」と言われて思わず膝を叩いた。なるほど、そうだったのか！

周蔵が東京で面倒をみたのは渡辺政雄だけでなく、政雄に頼まれて仲の良い周恩来の世話も焼いてやったのだ。政雄を上高田救命院に住まわせた周蔵は、周恩来に牛込箪笥町の藤根の下宿屋をあてがったと思われる。

これが、前記の①牛込山吹町の張瑞峰の下宿と同じである可能性もあるが、牛込箪笥町と牛込山吹町は直線で一キロほど離れており、近いといえば近いが同じ町内といえる関係ではない。川崎一彦の研究も、牛込の下宿屋についてハッキリしたことを記さないが、周恩来が同じ時期に複数の下宿に棲んでいたように、わたしにはみえる。

周蔵が、中野小淀《こよど》（現・中野区中央）の救命院のほかに数キロ離れた上高田にも第二救命院を置いたのは、國體罌粟《ケシ》栽培の秘密を隠蔽するためであった。メソジスト教会の指令を帯びたコスモポリタン特務の周恩来が、複数のアジトを有するのは、むしろ当然である。

かつて吉薗明子から佐伯祐三作品の研究を依頼されたわたしは、幾つかの佐伯祐三伝を照合していて、本願寺の「犬」としての佐伯祐三が、同時に二カ所の下宿を利用していたことを発見した（その詳細はここでは述べないから、「紀州文化振興会」のブログをご覧いただきたい）。

周恩来は、周蔵や佐伯祐三と同業なのだ！

その観点で考えれば、例の送受信記録もメソジスト教会の指令によるトリックの可能性があり、周恩来が学友用と同志用のアジトとして二カ所の下宿を使い分けしていたことも十分ありうる。

そもそも牛込箪笥町の下宿の大家（藤根の代理）は、水沢出身の藤根が抱えている大工の矢代（八代？　屋代？）で、クリスチャンだった、と吉薗明子から聞いている。だから、父祖代々の水沢クリスチャンかもしれない。通説のように、周恩来を学資に困る貧乏留学生とみれば、こんなことはありえないが、周恩来がメソジスト教会の放った「犬」であることが判った以上、この見方のほうがむしろ筋が通る。

ギンヅルが周蔵と周恩来を接近させた

京都の下宿で出会った周恩来を、早くも「何らかの勢力」の「犬」と見抜いた周蔵は、以後は「周蔵手記」本文に周恩来のことを全く記さなかった。

「何らかの勢力」といえば、まず浮かぶのは周恩来の出身校の天津南開中学である。この時の周蔵が、その背景のメソジスト教会まで知ったとは思えないが、槇玄範と親しい呉達閣の怪しさはすでに覚っていた。

修学院村の渡辺ウメノ宅に滞在していたギンヅルに探りを入れた周蔵は、呉達閣の属する勢力が〝コスモポリタン〟であることを教わったのは確かであろう。なかでも周恩来が呉達閣に護られるほどの大物ということを知らされた周蔵は、周恩来関係は「周蔵手記」本文に一切記載せず、折に触れて幾つかの「別紙記載」に記すことにした、と考えられる。

それらの「別紙記載」を見ていないわたしは、迂闊にも「すべてを見たはず」との錯覚から、牛込下宿の話が吉薗家に伝わる意味を悟らず、周恩来が上京後に周蔵と遇《あ》っていたことの記事がないのを不思議に思っていたのである。

まことに迂闊だが、このような「洞察の死角」を避けられないわたしは、これを気づかせてくださった伊東真弓教授に心から感謝する次第である。

さて、牛込下宿の一件を詳しく述べると、周蔵の世話役を命じられていた仕事師の藤根大庭の配下に、矢代という「叩き大工」がいた。のちに佐伯祐三に協力して下落合のアトリエを建てる大工であるが、たまたま佐伯祐三のモデルとなったことから、角刈りのその顔を描いた「Y氏の像」という油彩が佐伯祐三の全集に載っている。

藤根の所有する牛込箪笥町の土地に建てた留学生用下宿の差配を命じられた矢代と同僚大工の女房らが力を合わせて、この下宿を運営していた。矢代のクリスチャン繋がりである婦人が、下宿を探す民国留学生をその下宿に送り込んだのである。

周蔵より一足先に呉達閣と一緒に上京した周恩来は、数日間は神田猿楽町の竹村方へ入居したが、やがて帰京してきた周蔵から牛込の下宿屋をあてがわれたのである。

さて、願書の下書きの謎に挑戦しよう。私見は下記のごとし。

――大正六年九月、周恩来は、おそらく呉達閣の案内で、京大選科の河上肇講座をモグリ聴講した。その話を政雄から聞いた周蔵が、彼らには京大に「行く資格」があると思い込んだのである。学籍ではない聴講資格である。

神田の東亜予備校へ入校するために上京した周恩来は、来春の京大法学部政治経済科の選科を受験したいと考えて願書の下書きを準備したが、上京直後なので現住所を当時の寓居である猿楽町の竹村方、とした。

その後の経緯はハッキリしないが、次のいずれかであろう。

①七年春に東京で預かった呉達閣が、秋に三高文科に進学した際、京都にもっていった。

②七年秋に再来日した周恩来が、京都の呉達閣の借家に持参し、そのまま残した。

③七年春、河上肇講座をモグリ聴講するため京都に逝った周恩来が携えていたが、受験をあきらめたので、だれかに預けた。

右のうち、最も可能性が高いとわたしが思うのは、③である。

これは、周恩来が七年の春に、東京の下宿をアリバイにして京都に行ったことがある、とする仮説で、周恩来と呉達閣が同志としてアリバイ作りに協力したのが、「旅日日記」の記載に反映されていると考えるのである。

大正六年の九月と大正七年秋から八年四月までの七カ月間、周恩来に京都偵察を命じたのはワンワールド國體で、直属上官（運用者）はポンピドー牧師か、その命を受けた甘粕正彦であろう。欧州國體勢力は、いかなる経緯か未詳だが、幼少時に潜在的能力を見込んだ周恩来を天津南開中学に入れて天津担当のポンピドー牧師の観察下に置き、護衛役として呉達閣を配したものと思われる。

周恩来の日本留学もポンピドーの計画であるが、与えられた使命は学歴の取得でなく、日本社会の偵察、とくに新思想のマルクス主義を知識階層がどのように受け取るかを、一青年として観察することにあった、と思われる。

周恩来がマルクス主義の理論を学ぶのは数年後のフランス留学である。周恩来が革新思想を学ぶ場所として、日本よりもマルクス思想先進国のフランスの方がふさわしい、と考えていたポンピドーは周恩来に、南開大学の開学までの間、日本社会のマルクス思想の受容性について観察することを命じたのである。

ようするに、周恩来の日本留学は、ウィーン大学医学部に選科生のような形で潜入した吉薗周蔵の相似象であった。ラントシュタイナーが河上肇で、潜入を誘導した呉達閣が医学生シーレの相似象なのである。だとすると、「旅日日記」は、まさに「周蔵手記」の相似象である。

こののちの南開三羽烏は、張学良についた呉達閣と、蔣介石についた周恩来が秘密裡に連絡を保ち、ワンワールド國體勢力の企てた「国共合作」を達成したのである。敵味方に分かれた二人を、日本で中継したのが王希天、と私は洞察する。

ちなみに、「三羽烏」に行動の指示を与えていたのを青山教会のポンピドー牧師とみると筋が通るが、甘粕正彦憲兵中尉がポンピドーを補助していたとみると一層はっきりする。

大正元年歩兵少尉に任官した甘粕は、大正四年九月に入学した陸軍戸山学校で、落馬とか鉄棒から落ちたとかいわれる事故で膝関節炎となり憲兵に転じたことはよく知られているが、大正七年に朝鮮勤務になるまで何をしていたのか明らかでない。大正六年ころの甘粕は怪我の治療を装って、ポンピドーの手伝いをしていた可能性は高い。

第六章
周蔵の帰京

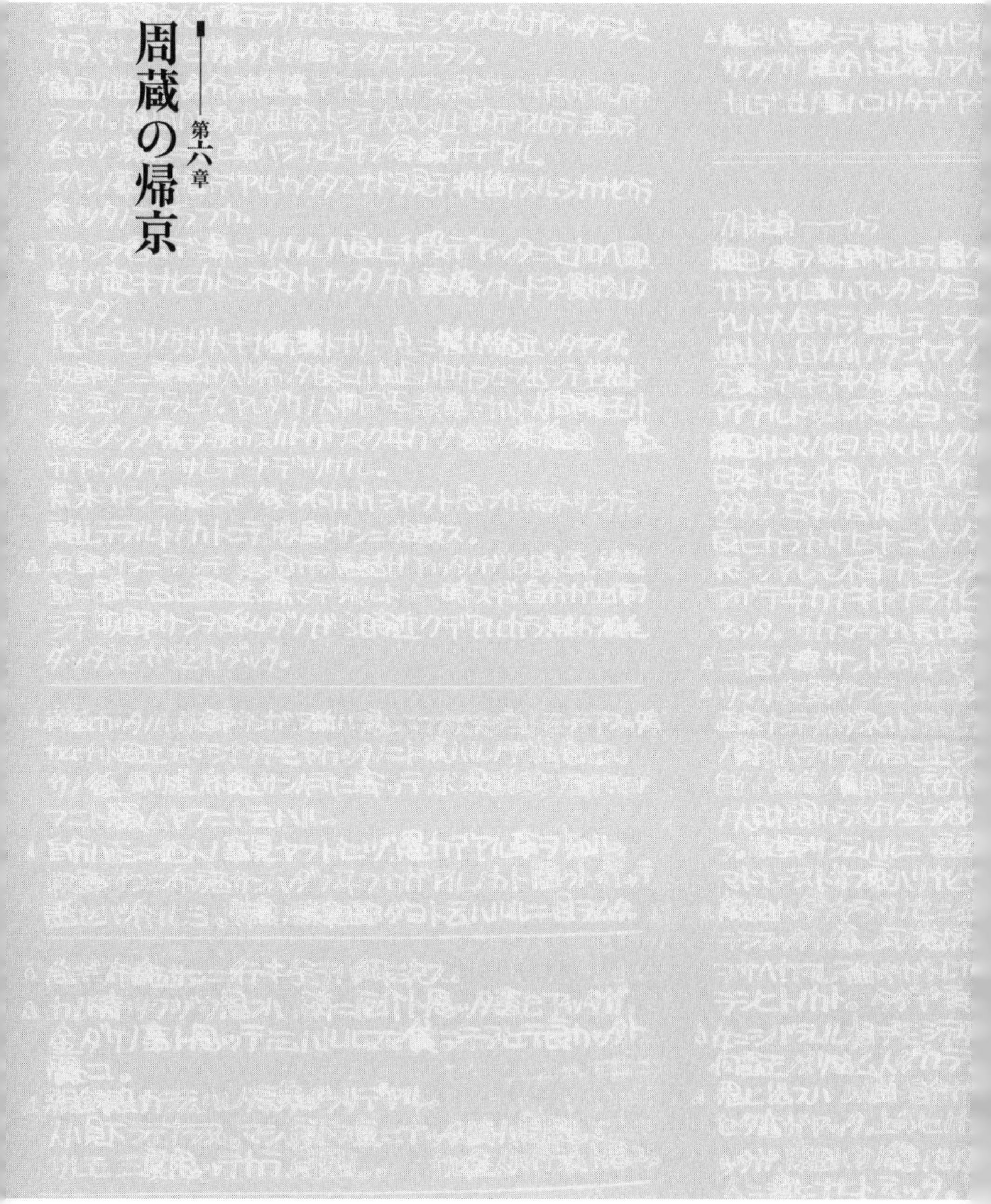

見識高い林次郎の助言

大正六（一九一七）年十月二十六日の夜、周蔵は東京へ帰りついた。伴ってきた渡辺政雄の宿が旅館なのか、幡ヶ谷の周蔵宅なのかハッキリしない。それは、「周蔵手記」本文の十月二十六日条が、アリバイ工作を意識して、「十月二十六日の夜に周蔵が小菅村から帰宅した」とする以上、京都から連れてきた政雄のことを書けるはずがないからである。

10月26日夜帰宅。27日の薩摩人の集りの為　西郷邸にて留守の間に　誰か來たらしい。薩摩であろう。

翌二十七日には西郷従道邸で薩摩人の懇親会があり、その招待状が海軍から届いたのをみて、山本権兵衛大将の計らいと察した周蔵は、これに出席するために、京都から戻ったのである。周蔵の留守中に幡ヶ谷の自宅に誰かが来たようである。周蔵の不在中、アリバイ作りのために幡ヶ谷にいた林次郎が、うまく応対したと思われるが、知人でもここに来る人は少ない。おそらく薩摩治郎八だろうと、周蔵は思った。

ちなみに、薩摩・大隅・日向の三国にまたがる島津領の旧住民たちが集う「三州倶楽部《さんしゅうくらぶ》」は平成二十九年に百周年を迎えたが、創立は大正七（一九一八）年二月のことである。周蔵が出席した十月二十七日の会合は、その設立準備も兼ねたものと思われる。

かれこれ考え合わせると、翌日の薩摩懇親会に出席する周蔵は、秘密の保持も考えて渡辺政雄を旅館に泊めた可能性が高い。

△親父殿には「上原閣下の方が　人が悪いと思える」と云うと、「権兵衛さんは薩摩であるが、上原は元々日向である。それに　肥前、肥後、豊後などと結び　勢力を薩摩と分けているところを見ても　腹の底は見えちょる」

「西郷《せご》ドンが　自分の所の小屋に　かくれておっても　届を出さず、敵方から問わるる時、逆を教えたというのが日向の人柄と　自負しておったが　肥前や豊後まで混じると　そうはいかん」と　親父殿は云わる。「肥後の人間は良いがなあ」とのこと。

西郷邸の薩摩人会から帰宅した周蔵は、その日の会合で会った山本権兵衛閣下について林次郎と語り合った。山本との会話は「周蔵手記」本文の後日条に出てくるから、後に掲げる。

ジーメンス事件のために大正三（一九一四）年四月に総理大臣を辞職した山本権兵衛は、後継内閣（第二次大隈内閣）の海相となった八代六郎により五月十一日に予備役に編入された。

帝国海軍の棟梁と目された山本は、まだ六十六歳であるから、海軍内には予備役編入反対の声が高かったが、本人は、「ここでゴリ押しすれば軍部横暴の先例を遺すことが遺憾」として、あっさり予備役に入り、以後は一介の予備役軍人として表面に出なかった。潔い出処進退である。

その日の懇親会で山本権兵衛に会った周蔵は、先日の上原邸で観た泰平組合事件処理と比較して改めて権兵衛閣下の人柄に感じたので、物論を林次郎にぶつけた。

「どうみても上原閣下の方が山本閣下より人が悪い」というと、「権兵衛閣下は薩摩じゃが、上原閣下はもともと日向であるうえに、佐賀・熊本・大分と結託して薩摩に対抗しちょるところを見ても、腹の底は見えちょる」と言った林次郎は、「西郷ドンを自分の小屋に隠しながら通報せず、官軍には逆の方向を教えた。これが日向の人柄、と自負しておったが、たといその通りでも、肥前や豊後まで混じるとそうはいかん……肥後の人間は良いがなあ」と付け加えた。

○泰平組合のことなど云うと　親父殿曰く、「何　一つ事件として表に出ただけのこと。一つあるということは　十倍あるということだよ。あまり深く入らんように　純質のアヘン粉を　つくることだけ勤めたらよか」

「おそらく　タバコヤのことは　援助に閣下が手を　まわしてくれたのであろうから、こいからは　アヘンから得ないで良いように　閣下に話したら良か」

大森の上原邸に國體アヘンを届けに行った際、寺内首相ら政界人が集まって、泰平組合問題を談合で処理するさまを具《つぶ》さに目撃したことを話すと、林次郎は「なあに、たった一つが表に出ただけや。一つ出たということは、十倍あるということや。上原閣下の周りには、こんなこつが一杯あいもっそ。じゃっどん、オマンは、こげんこつにあまり深入りせんと、純質アヘン粉を作るこつだけ勤めたら良か」と警《いまし》めた。

久原鉱業の売店にタバコを納入する形で、月に三、四百円のマージンが周蔵に入ることとなった経緯を報告すると、林次郎は、「そいは、閣下がオマンを支援するために久原ドンに手を回してくれたんやから、オマンの方から、アヘンの経費は今後は頂きまっせん、と閣下に申し上げたら良か」と助言してくれた。

> 阪井さんが帰るとき、手間賃など計算してもらって、４１０円に色を付けて４５０円払ったこと　話す。閣下にも４５０円請求した。まだ金は受け取っておらん。
> 自分が気がつくに、閣下は　金にも目の届く　こまんか人と思うから、きちんと請求をする方が良か、と思うと云う。

ただの百姓でなく、日向の一角から世の動向を静かに見つめていた林次郎の見識は、まことに優れたものであった。ありがたい助言だが、周蔵には異論があった。

九貫目のアヘンを持参した阪井さんの請求は四一〇円だったが、それに色をつけて四五〇円を支払い、その四五〇円を周蔵が閣下に請求した意味は、金が欲しいのではなく、閣下の「経費を申請してたもんせ」との指示にしたがったのである。「自然に気が付いたことだが、上原閣下は金銭の出入りにも注意を払う細かい性格と思うから、きちんと請求する方がかえって良いと思う」と、周蔵は林次郎に内心を明かした。

救命院に佐伯が来る

十月二十七日、西郷従道邸での薩摩三州懇親会から戻った周蔵は、夕刻久しぶりに中野の救命院に行った。幡ヶ谷の自宅に林次郎がいたが、はじめは自分だけが行くつもりであった周蔵は、一人で残したら林次郎が退屈すると思い、同行する。


夕刻　救命院に　一人行くつもりであったが　「親父殿が　一人では　つまらんか」　と思い　同行す。

案の定、佐伯はいた。

「カニを買ってきた」というのだ。「江戸湾のカニだ」とのこと。カニを　買った

が　自分が　帰っていなかったら　困ると　思っていた所だ、と喜ぶ。
先の日に　「蟹でさえも　甲羅に似せて　穴を掘るものだと　自分は親父から言われた」と話した　ことに対しての　こだわりのようだ。

周蔵は、不在中の救命院出入りを佐伯祐三に許していたから、今日あたりは来るだろうと予感していたが、それが当たり、救命院に佐伯が来ていた。「蟹を買ってきた」という。「江戸湾で獲れたての蟹やから、あんたが帰ってへんかったら難儀や、どないしょうと、思《おも》てたとこや。ちょうど帰ってきてくれて、ああ良かったわ」と喜ぶ。
先日、あまりに大風呂敷を広げる佐伯を苦々しく思った周蔵が、「オイは常々、親父ドンから、蟹でさえ甲羅に合わせて穴を掘りもす、と言われちょる」と戒《いまし》めたのが、佐伯を刺激したらしく、こだわった佐伯が、わざわざ江戸湾のワタリガニを携えて救命院に来たのであろう。

△どのように　受け取ったかは　しらんが、自分の話を　一言一言　気にかけているらしい。　困惑す。
△この　人物は　異様な　性癖がある。ナベの　でかいのが　ないから　洗面器で　カニを　ゆでることにしたようだが　生きているので　次第に　色が変わっていく様子を、「おもろい　おもろい」と　喜ぶ。

残酷と　考えて良いかどうかは　分からないが　つつきまわして　喜ぶ様子は
気色が悪い。

佐伯が、周蔵の話をどのように受け取ったかはともかく、自分の一語一語を気にかけていることを知った周蔵は、困惑の思いに駆られた。

佐伯には異常な性癖がある。蟹を茹でるのに大きい鍋がないから洗面器にしたが、活きている蟹の色が湯の熱でしだいに変わっていく様子を、「オモロイ、オモロイ」と喜ぶのである。残酷な性格と断定するのはためらうが、死にゆく動物をつつきまわして喜ぶ様子は、気分の良いものではない。

留守中もアリバイ日誌を記帳していた佐伯

周蔵が京都に行って留守の間に何回か中野救命院に来た佐伯は、その日の記事を作って救命院に備え付けたノートに、書いてあった。約束とはいえ、これはありがたいと思った周蔵は、夜になってアリバイ用の「救命院日誌」に転写した。

△有難いことに　何回か　來た日のことを　書いてある。夜　写す。

佐伯は　泊まる　ことになる。　理由は　「明日　熊谷さんに　會いに　つれていってほしい」　とのこと。
布団が不足なので　親父殿と　幡ヶ谷へ　戻る。
△親父殿　云うに、「次助ドンのような　性格であろう」　とのこと。「大ブロシキ　広げて　自分の　ふろしきの　はしが　よう見えていない　ということだろう」　とのこと。

周蔵は、佐伯に頼まれて画家の熊谷守一を紹介する約束をしていたが、「明日会いたいから、連れて行ってほしい」というので、佐伯を救命院に泊めることとしたが、三人分の布団がないので、周蔵と林次郎は幡ヶ谷の自宅へ戻ることにした。

林次郎の佐伯評は、「ちょうど次助のような性格で、大風呂敷を広げるのは良いが、自分の風呂敷の端がどこにあるのか、よく見えていないのであろう」とのことであった。

周蔵の京都行は周恩来との顔合わせのため

「別紙記載」には、周蔵が京都を出た日付は十月七日とあるが、これは「周蔵手記」本文の記載と日時を合わせるためで、実際は十月二十五日である。

京都駅から夜行列車で東京へ向かったと思われる。むろん渡辺政雄と二人旅であった。神田の予備校に入るために一足先に上京した周恩来は、なにしろ初来日で東京を知らないから、在京経験のある呉達閣が付き添ったはずである。まるで周蔵を欧州へ案内した石光真清のようだが、それほどポンピドーは周恩来を大事にしていたのである。

この関係はまた、陸奥宗光と坂本龍馬の関係の相似象でもある。ここで一言しておくと、宗光と龍馬の関係は、軽薄な司馬史観のいうような単純で偶発的なものでなく、坂本龍馬が、ハプスブルク系欧州王室の貴公子陸奥宗光の護衛役を、尹宮《いんのみや》朝彦親王から命じられたのであるが、本人がそれをどこまで自覚していたか危ういところがあり、それが龍馬暗殺の一要因であろう。

10月7日　◎は自分で加える。10月10日は　佐伯が書いたものを写す。10月13日の分は　藤根さんが　書いてくださってある。14日は、牧野先生が　來て下さったらしい。

右が、本章の冒頭に掲げた「周蔵手記」本文の十月二十六日夜条の続きである。帰京した周蔵が、不在中のアリバイ記事を「救命院日誌」に書き込む状況を記したもので、十月二十六日夜の続きが十月七日になるのは、アリバイ用の記事が七日まで遡ることを示唆しているのである（第二章、五〇ページ参照）。

以下に掲げるのは、「別紙記載」大正六年秋京都行条の続きで、末尾部分であるが、これも十月七日に遡るのは、「周蔵手記」本文と平仄《ひょうそく》を合わせたのである。

10月7日
三居も　明日には　帰る　と云うから　孫息子をあずかり　自分は　先に出る。
「こんな　大本教に　巻き込まれたくないから　医師となったること　かくしたい」と　云わるに　よく　理解す。
少し　面倒見よう　と思ゆ。
京都では　何度か　松たけを　食ったるが　唯一のもうけ　となる。

ウメノの家で様子を見ていたギンヅルも、「明日は宮崎に帰る」というから、周蔵も政雄を預かって京都を発つことにした。
政雄が「こんな大本教に巻き込まれたくないから医師免許の取得を隠しておきたい」という意味を理解した周蔵は、「東京に連れていって生活の面倒を多少とも見てやりたい」との思いを述べ、「今回の京都行の儲けは、出盛りの松茸を何度か食ったことだけ」として「別紙記載」の京都行条を締めくくるが、本当の胸底はそんなものではない。
これまで、「別紙記載」大正六年秋の京都行条を分析してきたわたしは、ギンヅルが周蔵に同行を命じた目的が、周蔵を渡辺政雄だけでなく、周恩来と呉達閣に引き合わせることにあったと確信するに至った。

たしかに、表向きの目的は渡辺政雄を東京に引き取ることであるが、これは、ギンヅルとウメノが肚《はら》を合わせたものであった。

つまり、政雄が周蔵に「こんな大本教から逃れたい」と言ったのは口実で、ウメノの本音は、「大本教の紐付《ひもつ》きとなった政雄を自由にしてやる」ことにあり、ギンヅルの協力を得て一芝居打ったのである。ギンヅルはギンヅルで、外科医の政雄に周蔵がこれから行う罌粟《ケシ》利用の研究を支援させることを企んで、政雄の救出を引き受けたのである。

まことに腹の底が分からぬ怪しい老婆たちだが、ギンヅルの京都行にはさらに重要な目的があった。それは周恩来を周蔵に引き合わせることである。謀主はおそらく堀川御所の堤哲長で、ハプスブルク系欧州國體のポンピドー牧師と肚を合わせ、大正六年九月に京都で周恩来・呉達閣と遭遇させた周蔵に、今後の南開三羽烏の支援を期待したのである。

三羽烏のもう一羽の王希天は、すでに前年秋に、帝国針灸漢方医学校の校長周居應として、周蔵に遭遇させていた。紹介者の呉秀三に、これを指示したのは、上原勇作であろう。

帰京後の周蔵

十月二十八日、周蔵は佐伯を連れて、中野塔の山（現・中野区中央）の熊谷守一宅を訪れる。

10月28日　熊谷宅訪問
「この様子は　自分で記帳するから　良し」　と云って別る。
10月29日
家から　親父殿が送った　土産が届いているので　牧野先生、藤根さんに、親父殿を　紹介がてら　訪ぬる。
佐伯の記帳は　牧野先生が興味を持つ。「精神的に　おかしな所があるのでないか」とのこと。
「二重人格のようだ」とのこと。
頭痛薬として　出している薬は　粉砂糖と　グリコースである由。
10月30日
三居の婆さんの云うことも　たまには　きかなければ　と思い、みやげを配って歩く。

武者小路さん、内藤家にも届く。婆さんと　どのような知りあいか　分らんが、女中が　妻君に聞きにいったらしいが　大層喜ばる。堤の貧乏は　表に見えている。

若松家を最後にした。若松にて　藤山なる人物を紹介さる。食事に招待さる。

△これからは　佐伯の記帳も　自分で書くことにする。

十月二十八日、救命院に佐伯を迎えに行った周蔵は、約束通り、佐伯を熊谷守一の家へ連れて行ったが、二人で熊谷家を去る際、周蔵は、「本日の件はオイが記帳しもすに、オマンは何《なん》も書かんで良か」と言って、佐伯と別れた。

十月二十九日は、林次郎が手配した宮崎の名産が届いていたので、牧野三尹と藤根大庭に林次郎を紹介しがてら、二人で配って歩いた。武者小路実篤と新宿の内藤子爵家にも届けた。周蔵とギンヅルとの関係をよく知らない内藤家の女中が、内儀《ないぎ》に聞きに行ったが、出てきた奥方はたいそう喜ばれた。子爵内藤頼輔の夫人桂は、旧高崎藩主大河内家の出である。

内藤の邸内にある堤子爵家にも届けに行ったが、その貧乏ぶりは目に見えるほどであった。堤子爵家の当主は哲長の跡を継ぐために甘露寺家から入った功長《いさなが》の子の経長《つねなが》である。島津斉彬を出した重要な縁戚として島津家の支援を受けていたはずの堤家が、貧乏を装っていたのは、哲長の生存と活動を隠蔽するためと思われる。

最後は京橋新栄町の若松安太郎の家である。たまたま来訪していた藤山雷太《ふじやまらいた》なる人物を紹介された周蔵は、その人物から食事に招かれた。

アリバイのための「救命院日誌」の記帳も、今後は自分自身でやろうと周蔵が決心したのは、帰京以来、交友関係が急に広まることを予感したからである。

たといアリバイ作りのために日誌であっても、周蔵の新しい交友関係を知らない佐伯には、記帳はとうてい無理、と判断したからである。

ちなみに、ギンヅルと内藤および堤の関係は、本シリーズ第1巻『「吉薗周蔵日記」が暴く日本の極秘事項』で詳述したので、ご参照ありたい。

周蔵、大谷光瑞に会う

築地本願寺からの要請で、周蔵は西本願寺（浄土真宗本願寺派）前門主の大谷光瑞《おおたにこうずい》に会うこととなった。

11月2日

築地料亭に招かる。大谷さんと　會う。六尺以上は　あるであろう　偉丈夫の

この人物は　坊主とは　名ばかりであろうか。洋服姿は　成金財閥　そのもので

ある。

十一月二日、先方から指定された築地の料亭に行った周蔵は、初めて会う光瑞師の偉丈夫ぶりに驚いた。イギリス仕立ての洋服で西洋紳士を決め込んだ光瑞は、僧侶というより財閥当主を思わせる風格があった。

明治九（一八七六）年生まれの光瑞は、このとき四十二歳の男盛りであった。巷間に発表されている「大谷光瑞年譜」によれば、大正六年後半の大谷光瑞の行動は、下記の通りである。

〇八月より旅順大谷邸に滞在

〇十月、天津に渡航し、北京・南京・上海を経て、十一月十三日門司を経由台湾に渡り……

これが正しいなら、この日は中華民国にいたはずの光瑞師が、「築地で一献差し上げたいが、いかがですか」などと持ち掛けるわけもない。つまり、「大谷光瑞年譜」の記載はまるきりの虚偽であるから、これを頼りに書いた伝記が誤っているのは当然である。

余談だが、読者の中に「落合の著作は面白いが、証拠がない」と指摘する向きがおられる、この方たちは、「証拠」とはどのようなものと、考えるであろうか。もし、文書・石碑と思うのなら、それが大間違いであることを覚るには、この「大谷光瑞年譜」の一件で十分であろう。

わたしは、「証拠」とは「状況証拠」しかないと思う。

当該事項をめぐる個別情報を得られる限り集めて作った「場」の全体を、論理的整合性により説明できるのが「状況証拠」である。その観点で「大谷光瑞年譜」と「吉薗周蔵手記」とを比較すれば、大勢の学識経験者が関与して立派に印刷製本された前者が、文献的証拠として後者より優れているとは、絶対にいえない。

ちなみに、大谷光瑞の事績に関する公式の年譜は、下記のように述べる。

西本願寺の絶対君主であった大谷光瑞は、大正三年二月、財団基金流用による背任横領および文書偽造の容疑で側近が検挙されたことに端を発し、放漫財政の責任を問われることとなった。

五月に至って本願寺派門主と管長、西本願寺住職、伯爵など一切の役職の辞任に追い込まれたのち、しばらくは二楽荘で悶々としていたが、十一月に飄然《ひょうぜん》神戸港を発って大連に向かい旅順に邸を構えて以後三年間帰国しなかった。

前半は本当かもしれないが、「旅順から三年間帰国しなかった」のは偽装謹慎の疑いが濃いし、続けて述べる下記文は、「周蔵手記」と明らかに矛盾する。

大正六年の秋に三年ぶりに帰国した時も、台湾行きの船に乗り換える目的で下関に立ち寄ったただけで、数時間を大吉楼で過ごしたのち、また台湾行きのアメリカ丸に乗り移った。大正七年末に至って一応帰国したが、別府で越年した後すぐに香港に向かい、その間東上していない。

御用学者や学校史学は「周蔵手記」をみて、あるいは、「同じ文献同士なら、公開された『大光瑞年譜』の方を信用する」と言うであろうが、それならば、「周蔵手記」の記載が嘘であることを、学者として積極的に証明すべきではないのか。

この観点に立った時、「周蔵手記」に関する拙著の内容を、「面白いが証拠がない」などとは言わせないから、異論があれば、どうか状況証拠を整えたうえで、反論してもらいたい。

■――上野の美校は海軍の支配下

大谷光瑞師の用件は、あらかじめ予測するまでもなかった。どうせ、佐伯祐三のことである。

どうせ　佐伯のことであろうが　難問である。

「何としても　画家としての権力を　持たせたい」との由。

一應《いちおう》　美術學校入學は　手配してあることを　云う。

大谷さんともあろう人が　自分などに　美校入學を頼まれなくてもと思い、ハッキリ聞いてみる。
意外にも「自分は　陸には強いが　海軍には　巾がきかない」とのこと。「君は権兵衛に　道を持ってる　と聞いている。美術學校は　海なんだよ」、の由。
大谷さんは　もう本願寺の住職は　辞めている。大谷光瑞・光壽會なること　されている。

やはり佐伯祐三のことである。「何としても、将来画壇を支配できるまでに佐伯を育てるから、協力せよ」との光瑞の注文に、「それは難問」と答えた周蔵は一応、美校の裏口入学の手配はしてあることは告げた。

しかし、裏口入学のような工作はどうみても権力の分野である。「大谷光瑞師ともあろう方が、自分に頼まれんでもよかろうに」と思う周蔵は、失礼を承知で、ズバリと聞いてみた。光瑞は即答したが、理由は意外なものだった。「自分はたしかに陸軍には強いが、海軍には通じない」という。「だから、山本権兵衛にコネがあると聞いておる吉薗君にお願いしたんだ。上野の美校は海軍の下なんだよ」とのことである。

大谷光瑞師はとっくに西本願寺の住職は辞めて、今は「光寿会」を主宰しているという。伝記によれば、この二年後の大正八年に設立された光寿会は、サンスクリット文字で書かれた仏教原典の翻訳に当たった、とのことである。

11月4日——記

△自分としては　美校に　入れればよい　と思うから、そうそう　佐伯に　関わっては　おられないので、11月は　會わないように　しているつもり。

11月22日

頭痛とのことである。

記——

周蔵としては佐伯祐三を美校に裏口入学させれば良く、「救命院日誌」のネタを拾う目的で佐伯と付き合っているが、そうそう構ってもおられない。

ところが、佐伯は十一月二十二日に頭痛を訴えてきた。その経緯を、周蔵は「別紙記載」か「救命院日誌」に記したようだが、落合思うに、頭痛の原因は、生来のメニエル病であろう。

12月末

出來るだけ　記帳するように　努めているが　後に　書くこともあるので　正確とは限らない。

自分が　居ないときは　藤根さんに　頼んでいる。
タバコ
11月末　５２０円40銭――利益
12月末　７１０円５銭――利益

「救命院日誌」を自分がつけると決意した周蔵は、できるだけ記帳するように努力しているが、時間を経てから書くこともあるので、正確とは限らない。自分が留守の時は藤根さんに記帳を頼み、あとで筆写することにした。

久原鉱業に卸すタバコは、十一月分が五二〇円四〇銭になり、十二月分は七一〇円五銭に達した。売り上げでなく、利益金である。

山本権兵衛に特務奉公を志願した周蔵

年末になり、この一年を振り返った周蔵は、山本権兵衛に手紙を出したことを、愚かしいと思いながら、「周蔵手記」に記した。

△今年のことでは　実に　愚かしいことだが、自分は　矢も盾もならず　権兵衛

閣下に　手紙を出した。
シーメンスの　ことなど、自分には　くわしく　分からなかったが、上原閣下の
ところを　訪ぬる内に　見えるものがあった。聞くものもあった。　目も耳も
覆うことはできない。と書きはじめて、もっと簡略にした。

山本権兵衛内閣が頓挫したシーメンス事件の詳細を知らなかった自分だが、上原閣下の家を訪ねるうちに感じたものがあった。耳に入ったこともあった。「自然に見聞したものを、知らないフリをしてはおられない」などと、格調を正して書き始めたが、思い直して簡略にした。

自分は　上原閣下の下に　特務となった。しかし　「勝手ながら、草ではなく、
一つの　決まった仕事を　貰うことに　させてほしい」と　頼んで、今、ウィー
ンから　仕事を終えて　戻ったところである。
そんな中で、目と耳で　現實のことに　不満を　覺えている。自分は　薩摩にあ
り　西郷どんの　袖の下に　集まった　子供の一人　と思っている。そこで　薩
摩の血を　失いたくない。
草に　なりきることは　自分には　できないと　思っているが、権兵衛閣下の為
の　草であるなら　草にも　犬にも　なり得る。

大正六年の行動が年譜と符合しない大谷光瑞

周蔵が特務奉公を志願した山本権兵衛

「役に立つ　ということ　あらば、いつでも　命を下して　下さい。自分は　いつでも　従います」と書いて出した。

――自分は上原閣下の特務となったが、「犬」はもちろん、「草」もできないと申し上げて、一つのことをこつこつと行う、「歩」にしていただいた。ある任務を果たし、いまウィーンから帰ったところである。

ところが、「歩」をしている内に見聞したことに不満を覚えた。西郷どんに憧《あこが》れる薩摩健児として、卑劣なことをしたくない。「草」になりきることのできない自分ではあるが、権兵衛閣下のためなら、「草」はおろか「犬」にでもなれる。自分が役に立つことなら、いつでも命令してください。――

そのような手紙を、周蔵は権兵衛閣下に送ったのである。

権兵衛閣下からは　何の連絡はなかった。
然し、秋の園遊会に　海軍からの招待があり、閣下と　出會う。
「オマンの顔　見れて　よか。オイは　元気でおりもす。オマンの心　嬉しか」
自分の手を　大きな　両手に　包んで　下さる。　権兵衛閣下は　血の熱い人である。

それだけは誤りではない　と思う。どうせ死ぬなら　この人の役に立つ方が　自分としては　納得す。

権兵衛閣下から何の連絡もなかったが、秋の薩摩人の園遊会の招待状が海軍から来たので、権兵衛閣下の計らいと覚った周蔵は、これに出席すべく京都から戻ったのである。はたして権兵衛閣下と出会えた周蔵の掌を、大きな両手で包んだ閣下は、「オマンの心は嬉しいが、自分はこの通り元気じゃ」と言ってくださった。その熱い血を感じた周蔵は、熱血正義の人と信じられるこの方のためなら、死んでもよい、と思った。

薬学者・阿久津氏を紹介される

周蔵と二人で奥多摩小菅村で四町歩（四ヘクタール）の畑を開墾した林次郎は、十二月十六日にひとりで宮崎に帰った。

親父殿と　四町歩　開墾す。十二月十六日　親父殿　一人帰る。
その間、十一月十日に　若松から　阿久津氏の紹介を受ける。薬學者である。
自分の仕事に　興味を深くしている。

しばらく　話している内に、お互いの考えに　一致すること多く、阿久津氏が
製薬会社を起こそう、といわる。
自分より、親父殿が賛成する。自分は迷うのであるが、十一月十七日に　急用
にて來たので　すぐ戻るのであるが　と石光さんの訪問を受くる。

その間の十一月十日に、周蔵は若松安太郎から、阿久津卯吉という人物を紹介された。薬学者で、周蔵の罌粟《ケシ》事業に深い興味を抱いている。しばらく対談している内に、互いの考えが多くの点で一致していることが分かってきたら、阿久津氏が、罌粟《ケシ》を用いた製薬会社を興そうと言い出した。

林次郎はすぐに賛成したが、周蔵は迷う。そこへ石光真清がやってきた。十一月十七日に急用があるので帰国したが、すぐに満洲に戻るという。

上原さんから　住所を聞いた由。
あの折の　世話になった　感謝を述べる。
きょうは満洲、その翌日には　東京というふうに、万里を　一夜に走る様な人物
と　親父殿に　云う。
△本物の　肥後モッコス　であると　親父殿　感心す。

「製薬會社は　やられた方が良い。機會は　逃さないことです。相方を　信用さえ　できるなら、そうされたら良い」といわる。
阿久津さんに　任すこととする。

上原勇作から聞いた住所を頼りに周蔵を訪ねてきた石光真清に、前年の欧州潜入を案内してくれた礼を述べた周蔵は、林次郎に紹介した。一夜にして万里を走る人物というと、「本物の肥後モッコスでごあんな」と林次郎は感心した。

正義感が強く、一度決めたら梃子《てこ》でも動かない頑固さと、妥協を拒否する男性的な性質のために、組織人に向かない肥後モッコスの性格は、「石光真清の手記」にも、「周蔵手記」にもよく表れている。スパイをしていたら、どうしても見聞する上官の不正を、正義感から告発したくなる自分を抑えるために、「スパイ日記」をつけることを、石光が周蔵に勧めたのは、自分の欠点を知るからであった。

製薬会社の設立を決めかねている周蔵に石光は、「機会を逃がしてはいけない。相手が信用できるなら、ぜひ進めたらよい」とアドバイスしてくれたので、周蔵は阿久津に任せることにした。

若松安太郎が阿久津を紹介してきたのは、上原勇作の指示によるものとみてよい。

12月16日
親父殿は　帰るに當り　資本のこと　應援すると　阿久津さんに　約束す。
阿久津さんは　薬學士であり　弟が　化学士であるから　製薬會社の　實態は容易である由。
△自分が　加藤君から　貰っている　細川藩の　薬事書の　内容も　多いに使える　とのこと。
阿久津さんは　長男、二男も　薬學を　學ばせる　とのことで、　自分の考えを實態にしていこう　とのことである。

林次郎は、十二月十六日の帰郷にあたり、新会社の資金は応援することを阿久津に約束した。阿久津は薬学士で、弟が化学の工学士であるから、兄弟であたれば製薬会社の実務は容易である、という。周蔵が加藤邑《むら》から貰った細川藩の薬事書の記載も、製薬に大いに役立つ、とのことである。ちなみに、阿久津卯吉には『薬学講本』などの著作がある。
阿久津は、長男にも次男にも薬学を学ばせる方針で、今後は周蔵の考えを実地で発展させていこう、というのである。

國體アヘンと政体アヘン

参謀総長上原勇作の指示で國體罌粟《ケシ》を栽培し、國體アヘンを採取している周蔵は、現在のアヘンの使用状況に、ある種の恐れを抱くようになった。

アヘンの　状況に　関しては　自分は　ある恐れを　思っている。
純粋アヘンの　収穫をせず、アヘンを　無防備に使うことは、身躰ばかりでなく、脳を殺してしまう。その状況を　癲狂院でも　軍病院でも　自分は　見ている。
何故に　アヘンが　あのような形で　一般人や　軍人に　最早《もはや》　現れているか、
又　不可解と思う。

ほんらい製造すべきは、モルフィン純度の高い純質アヘンなのに、これを収穫せず、純度の低いアヘンを無防備に使用することは、身体に悪影響をもたらすばかりでなく、中毒によって、脳を殺してしまう。

その状況を、呉秀三の松沢病院でも、陸軍病院でも見てきた周蔵には、アヘンがあのような不純な形態で使用され、その結果が軍人や一般患者に早くも現れていることが、不可解であった。

△阿久津さんが　云わるるに、「それは　製造者や　軍の何らかの意図や、ケシ栽培者から　はじまっている　のではないか」　とのこと。

△純粋アヘンであれば、躰内の消化、そして、排泄にて　全てきれいになる。鎮痛として使うも、五時間経過の後　痛みは誘發《ゆうはつ》しないかぎり　おさまっているのが　ほとんど。

排便や　寝起きに　力を使ったりすると、脳を刺激することから、痛みの目が覺《さ》めたるために　再度　痛みが始まる。

△それの時も　純粋であれば　習慣性にならず、また副作用も起らない。

△アヘンを　うまく使えば、躰力の消耗を　防ぐため、優秀な軍人などの　生命力を　伸ばすことも　可能の由。

阿久津が言うには、「これは、アヘン製造者や軍に何らかの意図があり、それが罌粟《ケシ》の栽培者に伝わって始まった状況ではないか」とのことである。

純質アヘンであれば、体内で消化され、残りは排泄されて、完全に抜けていく。鎮痛用に使っても五時間ほど経つと痛みはほとんど治まるが、排便で力んだり、寝起きに力を使うと、脳が刺激されて痛覚にスイッチが入り、再び痛みが始まる。
そんな時でも、純質アヘンであれば習慣性にならず、副作用も起こらない。したがって、アヘンをうまく使えばストレスによる体力の消耗を防ぎ、優秀な軍人が負傷したときの生命を延ばすことができるのである。
この純質アヘンは、周蔵しか作っていない國體罌粟《ケシ》から採取されるので國體アヘンなのである。

ところが　今は　まったく逆である　使い方をしはじめている。
このこと　考うるに、自分のような　一般の無學の話ではなく、本職が　やって
行かなければならない　と思う。このことに　阿久津さんは　賛成してくださる。

ところが現在は、これとは全く別で、政体が量産品種の一般罌粟《ケシ》を用いて、モルフィン純度の低い政体アヘンを製造し、医療用に用いるだけでなく、台湾総督府が常習者に支給している。罌粟《ケシ》の利用が、このように間違った方向に発展していく状況を考えると、自分のような無学な者でなく、専門家が発展させていかねばならないと、思いを語る周蔵に、阿久津は賛成した。

親父殿　二萬圓は　作れると約束す。阿久津さんは、「叔父さんが賣りたいと　い

——っている　薬品會社を　買う方がはやい」といわる。すべて來年である。

「おいが二万円作りもっそ」と約束した林次郎に、阿久津は、「自分の叔父が薬品会社を手放したいというので、これを買った方が早く実行に移せる」と言った。

すべては来年のことと決まった。

第Ⅱ部

ワンワールド特務の使命

第七章

南開三羽烏の主柱は王希天

第Ⅱ部の概容

第Ⅰ部は、「周蔵手記」本文の、大正六（一九一七）年十月三日条から同年十二月十六日条（実質的に十二月末条）と、「別紙記載」大正六年京都行条を、編年体に解読したものである。

内容の大部分は、ワンワールド國體によって天津南開中学から日本に送り込まれた「南開三羽烏」すなわち、呉達閣・周恩来・王希天についての解読と解説になった。それだけで一巻の紙数を費やしてしまったが、世界史におけるその重要性からしてやむを得ないことを、読者はご理解いただけると思う。

「南開三羽烏」のうち、周蔵が最後に出会ったのは王希天で、「周蔵手記」本文の大正九（一九二〇）年十月一日条に、帝国針灸漢方医学校の校長として出てくるが、本名でなく周居應と名乗っていた。

それが王希天であることを周蔵が知るのは大正十年三月で、上高田救命院に住む渡辺政雄を訪ねて呉達閣と王希天が来たときである。周恩来はすでに帰国していた。

周蔵はこの後、親しくなった王希天と、一生の付き合いになるが、私見では、南開三羽烏の中心は、周恩来でも呉達閣でもなく、王希天であったと思う。また、三羽烏に張学良を加えた「南開四天王」の主軸も王希天と考えるのは、扇で言えば「カナメ」の位置にいるからである。

王希天は呉達閣を上回るコスモポリタン特務

以下は「別紙記載」の内の大正十（一九二一）年の「上高田日記」である。時系列的にはいくらか飛び越すが、この際、王希天を一緒に説明した方がよいと思い、以下に記す。以前に京都で出会った達閣に周蔵が再会するのは大正十年であった。

あけて十年一月は自分は忙しく　ここには來ぬ。
三月に入って　訪ねてくると　客人がおったが　驚く。
呉タツカク　という人物には　さほど驚かなかったが、もう一人の人物には　驚く。
周先生であった。本を捜しに　四谷まで行ったら　教會の前で　出會った由。

周蔵は中野上高田九六番地に設けた第二救命院に渡辺政雄を住まわせて罌粟《ケシ》の研究的栽培を委託していた。明けて大正十年になったが、忙しくてここに来ることがない周蔵が、三月に政雄を訪ねてきたら客人がいた。それが旧知の人なので驚く。

三年前に京都で会った呉達閣にはさほど驚かなかったが、もう一人が自分の先生の周居應だったので驚いた。政雄が書物を探しに四谷に行ったら、城西教会の前で会ったという。

しかし　この折　自分は　即　周先生とは　わからず　周先生から　「ヨシソノさん。私の顔に　ヒゲを　つけて見て　くれないか」と云わる。
意味が　呑み込めんでおると、「白ガまじりのヒゲを　ここに　想像してみてご覧よ」と云わる。
驚く。
實に驚く。

だが周蔵は、すぐには周先生と分からなかった。周居應から、「この顔に髭をつけてみてくれないか」と言われて、意味が呑み込めないでいると、「白髪交じりのヒゲを、ここに想像してごらん」と言われてやっとわかり、大いに驚いた。呉秀三教授の指示で前年の十月一日から漢方を学びに通っていた四谷の帝国針灸漢方医学校の校長周居應その人であった。

辺《なべ》サン　云わる。「この人物は　（自分をさして）これでも　薩摩隼人だからね。日本人の中では　一番　コスモポリタンだから、心配いらないよ」と云う。
周さんは、「良く　分かってをる」と云わる。

客人が言いよどんでいるのを察した渡辺政雄は、周蔵を指して、「この人は薩摩隼人やで。日本人では一番のコスモポリタンやから、心配せんでよろし」というと、周居應は、「よく分かってますよ」と答えた。

古来、外国貿易の拠点であった薩摩に育った薩摩藩士たちは、コスモポリタン島津斉彬の薫《くん》陶《とう》を得ていたから、文久二（一八六二）年の薩英戦争に敗れるや、直ちにイギリスの国力と世界の大勢を覚り、英国を本拠とするワンワールド海洋勢力に進んで加わり、在英ワンワールド薩摩支部が生まれた。

薩摩隼人が日本人の中では一番コスモポリタンとは、その事をいうのである。今日の史家も気づかぬ秘密を渡辺政雄が知っているのは、丹波穴太《あのう》の上田アヤタチの血筋だからである。つまりアヤタチ上田家もコスモポリタンなのである。

「漢方医・周居應」に化けていた王希天

この時の周蔵はまだ、コスモポリタンの意味を正確に分かっていなかった。無理もない。今日の日本人だってほとんど分かっていないのである。

コスモポリタンとは、早い話が、「フリーメーソン」を代表的存在とする、ワンワールド國體勢力なのであるが、そのことは現在でも理解されていない。試みに、アマゾンの分類で拙著を探してみたまえ。周辺を取りまくのはほとんど陰謀論で、謀主として必ずフリーメーソンが出てくる。

そのような書物の執筆者を陰謀論者と呼ぶが、ほとんどはサブタイトルあたりに「ユダヤ・フリーメーソン」と明記して憶するところがない。これが、そもそも根本的な誤りなのである。なぜ誤りかというと、フリーメーソンをユダヤと結びつけ陰謀集団呼ばわりするのは、執筆者が何にも判っていないのか、あるいは当人自身が属している陰謀団との関係を隠すためで、いわゆる〝逆アリバイ〟である。

そもそも「フリーメーソン」とは、イエズス会を中核とする覇道一神教勢力から人類一般を護ることを主目的とする超宗教的な国際的組織である。イエズス会はローマ・カトリックを標榜するから、勢いプロテスタントが中心であるが、なかにはユダヤもいるしカトリックもいるが、彼らが会員のすべてではなく、主導勢力でもない。だいいち英王室・オランダ王室の王婿はフリーメーソンの重要メンバーだし、ハインリヒ・クーデンホーフ＝カレルギー伯爵のごときはイエズス会員ながらフリーメーソンであった。

コスモポリタンとは、ようするにワンールド國體勢力および寄生体勢力を含む漠然たる国際主義者のことでフリーメーソンの概念とも重なるが、会員制の結社である後者と異なり、思想と意識と行動によって規定される存在である。

政雄は、周蔵も「薩摩隼人として、その一人だから、われわれの仲間だよ」と言った。つまり政雄は、コスモポリタンを自任していたのである。

自分は　意味が　理解できないで　おったが　辺さんから　説明　受くる。
だいたい　周先生は、体を悪くしたと　云うことで、當分　灸の学校は　休むと
言っていたのだ。
「帝國シンキューは　どうなるか」と云うと、「あれまたやるから」と　答えらる。

前年十月から周蔵が通っていた帝国針灸漢方医学校は、校長周居應が体を悪くしたということで、しばらく休校していたので、「針灸学校は今後どうなるのか」と問うと、周居應はこともなげに、「また再開するからね」と答えた。
周居應が王希天を名乗っている意味が理解できない周蔵は、二人が帰った後、政雄から説明を受けた。

まづ　辺さん云はるに、周先生は　本名を王キテン、希天と書くとのこと。
去年　四月から　名古屋の　八高に入った由。
何でも　おととしの前かに、神田で　演説をやって　つかまり、呉達閣も　つか

まり、その後、支那料理屋の　二階で　ゴロゴロしておったが、周先生は　四谷に　シンキュウー　帝國医専を作られた由。

王希天は、わたしがいう「南開中学三羽烏」の一人である。また、周恩来伝の著者D・ウィルソンがいう天津南開中学の「六人の義兄弟」の一人と考えられる（マユミ・イトー『*Zhou Enlai and Japan*（周恩来と日本）』〔未邦訳〕）。あとは周恩来・呉達閣に王樸山などがいる。

大正七（一九一八）年五月に寺内正毅内閣が中華民国の段祺瑞《だんきずい》政府と結んだ「共同防敵軍事協定」は、「西原借款」と抱き合わせであったから、これに亡国の兆《きざ》しを感じた民国留日学生は「留日学生救国団」を結成した。その首魁《しゅかい》が王希天である。

留日民国学生の帰国理由を、日本の史家の多くが、「シベリア共同出兵阻止のため」とするのは皮相である。

「旅日日記」には、「中日新約（日華共同防敵協定）の成立を憤慨して留学生の間に全員帰国の議論が高まった」と記している。一つの歴史的流れの異なる側面をそれぞれが強調しているのだが、渦中にいた周恩来の日記が最も正鵠を得ていることは言うまでもない。留学生たちは日華協定の裏にある「秘密協定」の内容を嗅ぎ付けたのであった。

前々年の大正七年五月六日の夜、四十数人の学生が神田の支那料理店「維新號」に集まっていたところへ警察が踏み込んだ。そのとき王希天が逮捕されたことが『東京日日』に記載された、と仁木ふみ子著『震災下の中国人虐殺』は記すが、呉達閣も逮捕者の中にいたのである。

その後、二人は支那料理屋の二階でゴロゴロしていたが、無事に一高予科を卒業した呉達閣は三高文科に入るため秋に京都に移り、学友二人と借りた家に周恩来を迎えたのである。

王希天は、特高警察の監視をかわすため周居應の偽名で四谷に帝国針灸医専を創《つく》ったところ、帝大教授呉秀三に紹介された周蔵が、コマクサの炒り煎じ法を学びに行ったのである。

三高文科生として京都で三年間学んだ呉達閣は、東大法学部に入学するため大正十年秋に上京して同志の王希天と会い、渡辺政雄を訪ねるために連れ立って上高田救命院に来たところ、たまたま周蔵に遭遇したのである。

■―――王希天と呉達閣が周恩来を担ぐ

王希天は一八九六（明治二十九）年八月五日に長春で生まれた。

父は皮革を商う豪商の王立廷である。明治四十四（一九一一）年に十六歳で吉林第一中学に入学した際、同期生になった呉達閣は、辛亥革命のため「取り消し」になった奉天陸軍小学から進路を転じたのであった。廃止を「取り消し」というのは日本語起源の流行語である。

一方、奉天で育った周恩来は、家庭の都合により大正二（一九一三）年八月に入学した天津南開中学に、吉林一中で革命党員になったことで官憲に狙われていた呉達閣が転校してくる。

翌三年の秋には、学校紛争のため吉林一中を退学になった王希天も転校してきて、ここに同期生がそろって「南開三羽烏」が生まれた。「六人義兄弟」の一人王樸山も、呉や王と似たような経緯で同級生になるが、三羽烏の周辺人物としておく。

天津南開中学は日本留学のための学校で、王希天は大正四（一九一五）年に真っ先に中退して渡日し、次いで呉達閣も大正五（一九一六）年に渡日するが、渡日旅費と学資を調達せねばならない周恩来は卒業式まで在学したため、渡日は大正六（一九一七）年になったのである。

こうして南開三羽烏の渡日は一年ずつずれたが、先に日本に来た王と呉がいかなる方法で受験準備をしたのか明らかでなく、ここに二人の特殊性があるが、後に考察する。

とにかく大正六年に揃って一高の特別予科に入学した二人が、他の南開同学に学資支援を呼びかけて周恩来の来日が叶《かな》ったとされる。

南開同学による周恩来支援の状況は「旅日日記」から窺えるが、張滌非の八四元を筆頭に、王樸山・七八元が続き、厳智開と童啓顔が七〇元で、これについでいる。三羽烏の呉滌愆《できけん》が四六元、王希天が一〇元と比較的少ないのは、周恩来の特殊な関係の露出を避けたとみるべきであろう。

ウィルソンは、台北会談で呉達閣から直接聞いた「六人義兄弟」のメンバーを、呉と周しか明らかにしていないが、その他の四人を推定したマユミ・イトー（伊東真弓）が、著書『*Zhou Enlai and Japan*（周恩来と日本）』で張滌非・王樸山・童啓顔を挙げるのは妥当と思うが、残る一人を王希天と断定しないのはわたしとしては遺憾である。

マユミ・イトーが断定を逡巡した理由は、周恩来支援金に対する王希天の拠出額が他に比べて少ないことであろうが、これは、王希天が周恩来との距離を比較的遠いと見せかけるために用いた〝逆アリバイ〟とみるべきであろう。

その効果は顕著で、現にイトー教授じしんが引っかかったし、創価学会系の伝記『周恩来と日本』が、「周恩来と王希天が東京で初めて会った」と明記するのも、その効果であろう。

三羽烏を前提に発想すれば、周を担いだ王と呉が、三羽烏の臭いを消すために王樸山・張滌非および童啓顔を誘い込んで「六人義兄弟」を作ったと推定されるから、残る一人はどうしても王希天でなければならず、そのことは、本稿の進展につれて明らかになる。もっとも、「六人義兄弟」の結成を図った王希天が、三羽烏を隠す〝逆アリバイ〟とするため、自身は加入しなかったとの考えも捨てきれない。

周居應の偽名で漢方医に扮して周蔵に接近した王希天は、大正八年に周が帰国した後も日本にとどまって留日同胞の保護に邁進するが、一方で周居應の偽名で老漢方医に成りすまして、女子医専（帝国女子医学専門学校。現在の東邦医大）の創立にいそしむ額田兄弟（豊・晉）と親交していたのである。

関東大震災に便乗した王希天が甘粕正彦の協力によって偽装死したのは、特高により反日人物との烙印を押されてしまった王希天を消滅させて、以後の人生を周居應として生きるためであった。大正八年の結核療養を口実にした不在は、まさにその準備期間で、大正九年には周居應として四谷に現れてから、関東大震災下の大島事件による偽装死までの三年間の王希天は、「二体分け」をしていたのである

大島事件で、奉天軍閥の御曹司張学良が真相究明を日本に突き付けたので、王希天と張学良の深い関係が浮上するが、その後も周居應に成りきって日本に留まった王には、周と呉に匹敵する大目的があり、大正十四年に呉が渡米した後も日本にとどまって、秘かに果たしたのである。

これからすると、甲乙差のない三羽鳥の中でも、その中心は王希天だったと、わたしは洞察するのである。

ワンワールド特務の王希天が帯びた任務は？

在日米軍の間接的占領のもとで、国際金融連合とGHQが作った「戦後体制」の御用史学となったのが京大教授上田正昭である。上田が建てた「自虐史観」の推進者の中心が日教組であったことはもはや周知となったが、その要員として王希天を研究したのが日教組婦人部長・中央執行委員だった仁木ふみ子である。

その著『震災下の中国人虐殺』には、「(大正）八年春に一高予科を卒業した希天は同年秋に

陸軍憲兵大尉甘粕正彦

10万人余が死亡した関東大震災。
写真は吉原遊郭の遊女の犠牲者なのだが、朝鮮人虐殺の犠牲者だと韓国人研究者は主張していた

八高に入り二年間を名古屋で過ごすが、結核で一年間休学したため八高は退学を余儀なくされ、長岡海岸で療養生活を送る。大正十年秋、東京へ帰ってポンピドー帰国の後、牧《ぼく》する者のいないメソジスト教会の代理牧師として」云々とある。

仁木が拠《よ》る資料はすべて王希天の表帳簿であるから、「周蔵手記」の記載と矛盾して当然である。真相を書いたウラ帳簿には、周居應として出てくる「周蔵手記」本文と、王希天として出てくる「別紙記載」がある。さらに吉薗家伝がある。震災後も生き延びて百木姓を名乗る日本人となり、千葉県布佐《ふさ》に住んで長寿を全《まっと》うした周居應こと王希天は、周蔵の死後も長く周蔵一家と親交があったから、その間の数多くの伝承がある。

わたしが周蔵の義妹池田チヤに会ったのは二度で、時期は平成八年か九年、場所は盛岡市か遠野だったと記憶するが、その際、周居應について質《ただ》すと、「お酒と魚釣りが好きで、周蔵さんと仲良く酔っぱらっていた」などと語ってくれた。

これら文献と口伝を基に、王希天の真相を追究してみよう。

まず、仁木のいう結核は仮病であった。

大正六（一九一七）年に一高予科に入学した王希天の大正七年一月から八年までの様子は、周恩来の「旅日日記」に窺《うかが》えるが、ようするに学生運動に没頭していたように見せながら、何かをしていた。一高予科の卒業が、休学していた呉達閣よりも遅れて八年春までかかったのは、そのためである。

大正八年春にようやく一高予科を卒業した王希天が選んだ本科は名古屋の八高であったが、結核を口実に退学して「長岡海岸」で療養した。この長岡海岸は未詳であるが、結核の療養が名目だから越後の長岡とも思われない。どうせ偽装だから追究する意味はあるまいとも思うが、問題は場所よりも療養の目的である。

結論から言えば、「王希天はこのとき療養地に無線通信の拠点を作っていた」と思うのは、無線基地は丘の上や海岸がふさわしいからである。八高での寄宿先は名古屋の八事《やごと》山上の農家岡田氏で、家族同様の待遇を受けたと聞くと、例の京都の珍味屋の下宿を思い出すが、岡田氏は丹波アヤタチの同族なのであろうか。

ともかく、国際的な諜報活動を行う者が、連絡手段として必要とするのが無線基地である。イタリア人のグリエルモ・マルコーニ（一八七四〜一九三七）が母の実家のアイルランドの醸造家から援助を受けて開発した無線通信システムが世界を変えた。一九〇一年にカナダ・ニューファウンドランド島のセントジョンズとイギリス・コーンウォールのポルドゥーをつなぐ無線通信を成功させたことで、一九〇九年にノーベル物理学賞を受けたマルコーニは、一九二四年にはイタリア国王により侯爵に叙せられた。

日本ではアメリカ留学中の海軍大尉秋山真之《さねゆき》が明治三十二（一八九九）年に海軍省軍事課長宛の意見書で、清国および韓国における無線電信施設の設置権を獲得しておくべき旨の具申を行うや翌三十三年、海軍に無線電信調査委員会が設置され、三四式無線電信機の試験が完了するが、これをインダクションコイル方式に改良した三六式無線電信機が帝国海軍の十五艦艇に装備され、翌年に始まった日露戦争でバルチック艦隊との海戦に大活躍したのである。

つまり、大正六年当時の国際的通諜報活動は、無線通信にかかっていたので、南開三羽烏の要にあたる王希天が、結核を口実に休退学し、療養を装って無線を学習し、実験を繰りかえしながら習熟していったのではないかと思う。

これが周居應として生きる後半生の任務であった。

周居應の正体はポンピドーとラッシュだけが知る

自分が学ぶ老漢方医周居應の正体を呉達閣や周恩来と南開中学で同窓の王希天と知り、驚いた周蔵は、周居應を紹介してくれた呉秀三教授や配下の松沢病院でさえ、周居應と王同一人とは知らない、と聞いてあきれる。

> 誰一人として、王と周を　同一人とは　思っておらん由。あきれる。
> 「呉先生や　テンキョウ院では　どうか」と聞くと、「呉先生でも　知らぬ筈《はず》」とのこと。

「中間の　ポール・ナニガシか　ポンピドーなる　人物しか　知らないだろう」

と云う。


八高を仮病で退学して姿を消していた王希天は、大正九年の秋以前に東京に舞い戻り、周居應の名で四谷に帝国針灸漢方医学校を開いた。

周蔵より二歳下で二十五歳の王希天が、老人に化けて日本人相手に漢方を講義するのを、スパイ術の基礎を学んだ周蔵さえ見分けがつかなかったのである。それだけの諜報術をどこで学んだのか。南開同学の呉達閣も支那武術の達人であることと考え合わせると、南開学校時代にマスターしたとみるのが常識であろうが、あるいは、呉達閣と同じく槇玄範が師匠なのかもしれない。

ここで明確にしておくのは、呉達閣と王希天がほんらいウバイド修験で、丹波アヤタチに潜入した家系ということである。その証左は、渡辺政雄が王希天の仲間として、ポンピドーとポール・ラッシュの名を挙げたことである。

メソジスト派の牧師ポンピドーの名はすでに挙げたからここでは省くが、ポール・ラッシュ（一八九七〜一九七九）はアメリカ生まれの聖公会の牧師で、当時すでに来日していたから、関東大震災後に初来日したとする経歴は表帳簿、つまりウソである。メソジスト牧師のポンピドーとは宗派は違っても奥底は同じ欧州系ワンワールドでしかも國體参謀の二人は、日本の国際化のために来日していたのである。

山梨県北杜《ほくと》市の清里高原で、酪農と西洋野菜栽培を推進して開拓を支援し、またアメリカン・フットボールの普及に努めたことで知られるポール・ラッシュは、第二次大戦が始まると帰国するが、滞日体験を買われて、アメリカ陸軍情報部で日系日本人の軍人に対する日本語教育を担当した。

終戦直後に再来日したポール・ラッシュは、GHQの参謀第二部（G2）配下の民間情報局（CIS）に配属され、中佐として情報収集活動に携わった。七三一部隊の石井四郎の取調べと免罪工作に当たったラッシュは、ほかにも多くの戦犯容疑者を救済したとされる。

何度も言うことだが、ここでも繰り返すのは、日本の一般常識が、GHQの支配者をマッカーサー元帥と思うのは重大な誤り、ということである。在米コミンテルンに雇われたトルーマン大統領がGHQの最高支配者で、その忠臣のニューディーラーたちがマッカーサーを取り囲んでいた、とみるのが正しいが、そのなかで、ポール・ラッシュが、ワンワールド國體参謀として、マッカーサーの配下であったことは間違いない。

そのポール・ラッシュとポンピドーが王希天の正体を知っていたのは、ワンワールド國體参謀として同志だったからで、むろん呉達閣も周恩来も同じである。

こうしてみれば、周居應こと王希天を周蔵に紹介した東大医学部教授呉秀三も、國體ワンワールドに属していたことは明らかである。呉秀三が医学系ワンワールド國體に属していた証左は、折からコマクサの入り煎じの方法を模索していた周蔵に、周居應に弟子入りすることを勧めたことである。その周居應と親しい東邦医大の創立者額田兄弟も呉秀三の弟子であるから、ここに医学系ワンワールド國體のネットワークが見えるのである。

一体　何者か　と云うと　今のところ　大した者ではない　とのこと。
ポンピドー　なる人物の名は　さる人物から　聞いたことがあると云うと　いまはもう　フランス国に　帰ってしまった由。
青山學院の　宗教の指導者　とのこと。
上原閣下とは　どういうことか　と思ゆ。
甘粕　甘勝　アマカツという　軍人を伴って　帰国した由
おととしか？

周蔵が、「王希天とはいったい何者か?」と聞くと政雄は、「今のところ、まだ大物やない。ポンピドーはんらが、これから育てるそうや」と答えた。驚いた周蔵がすかさず、「そのポンピドーの名は、あるところで聞いたよ」というと、「青山学院の教会のアタマやったけど、もうフランスに帰らはったよ」と教えてくれた。

上原閣下のところで紹介されたポンピドー牧師を、周蔵は上原のフランス留学時代の関係者と思っていた。そのポンピドー牧師が、アマカスかアマカツとかいう軍人を伴って帰仏したと、政雄はいうのである。

前年（大正九年）の一月三十日に上原閣下のところで憲兵中尉甘粕正彦に紹介された周蔵は、以後も付き合いは深めたが、これがアマカスという軍人であることは間違いない。だとすると、二人がフランスへ行ったのは一昨年、つまり大正八年のことかと推定した周蔵は、上原閣下↓甘粕中尉↓吉薗周蔵の「参謀本部ライン」と、ポンピドー牧師↓王希天・呉達閣の「南開中学ライン」が密接に絡み合っていて、そこに自分が巻き込まれていることを実感した。

この人物たちは　テイサツかと判断す。
辺さん云わるに　「自分は　そこまで　深くは　つきあわん」とのこと。
自分は　王さんと云わず　周先生と　呼ぶことにする。時々　來らるる由。
不断《ママ》は　四谷　城西教会か　神田ＹＭＣＡ　におらるる由。

大正五（一九一六）年から六年にかけて、血液型分類法を探索するためウィーン大学に潜入した周蔵も、町中をぶらぶらしながら望遠鏡と分度器を用いて主要構造物の高さを測量し、帰国後に上原参謀総長に報告した。

参謀総長の特務として「歩」と「草」を務めた周蔵からみれば、王希天や周恩来らが日本の民情を偵察していることは明白で、「犬」と見るのは当然である。

王希天・呉達閣がポンピドーの配下で日本を偵察していると判断した周蔵が、ためしに政雄に念を押すと、「ウチは、そこまで深くは付き合ってはおらんので」としか言わなかったが、王希天が周居應に成りすました目的を理解した周蔵は、これからも「王さん」でなく、「周先生」と呼ぶことにした。

王希天は上高田へは時々来るが、普段は四谷の城西教会か、神田ＹＭＣＡにいるという。

辺さんに　もし閣下などに　傳《つた》うる氣《き》なら　自分を氣にかけないで良いと云わる。
自分は　別に　仲間なわけではないから　との事。
「云わぬ」と答うる。
自分も　役目以外は　遠くにおることにする。

政雄から、「もし上原閣下などに報告する気なら、ウチのことに配慮は無用。ウチは、別にあの人らの仲間やないから」と言われた周蔵は、「言わないよ！」とキッパリ言った。自分も任務以外には、すべてに近寄らないことにした。

周恩来の受験失敗は意図的なアリバイ作り

日中両国の史家は世界的な國體勢力の存在なぞ夢にも知らず、ゆえに右のごとき事情を想像する由もないから、天津南開中学きっての秀才周恩来が、官費留学資格のための指定学校の入試に失敗したことを不自然に思いながら、事実として認めざるを得ないでいる。

しかし、國體勢力が早くから要人としていた周恩来を、ポンピドーが日本に送った目的は、「中華大陸に統一国家を創る」方針を立てた世界ワンワールド國體が、そのモデルとして日本社会を観察させるためであるから、周恩来の任務は日本の国情・民情の偵察が優先で、指定学校への入学には重きを置いていなかった。

ゆえに、周恩来が神田の東亜高等予備学校に籍を置いたのも受験勉強が目的ではなく、偵察活動を隠蔽するためのアリバイ工作とみるべきである。

この考えを進めれば、周恩来の名で東亜高等予備学校に通い、東京高師と一高の入試を受けた者が周恩来本人でなく、実は〝替え玉〟だった可能性さえある。けだし落第するための受験とみれば、この方がむしろ筋が通るのである。だとすると、周恩来の「旅日日記」も、周蔵の「救命院日誌」と同じ伝で、真相を隠蔽するためのアリバイ工作とみた方がよい。

矢吹晋によるその解説に誤りが多いことを、ネヴァダ大学教授伊東真弓さんが伝えてきたが、その後発刊された伊東さんの著『*Zhou Enlai and Japan*（周恩来と日本）』には、新発見として、「周蔵手記」の内容を述べ、わたしの名前も出している。

ちなみに、平成七（一九九五）年に福井県武生《たけふ》市（現・越前市）で生じた佐伯祐三絵画の真贋事件は、東京美術倶楽部の洋画商たちが仕掛けたものであった。その折に画商衆が雇ったのが上智大学講師小林頼子で、「救命院日誌」の記載の矛盾を指摘して、吉薗周蔵それじたいの不存在を主張した。

「救命院日誌」に不合理な記載があるのは事実であるが、理由はそれが実録でなく、ケシ栽培に奔走する周蔵の行動を隠蔽するためのアリバイ工作だからである。ここを突けば、アリバイが崩れるのは当然で、小林頼子と武生市役所は、「救命院日誌」がアリバイ工作であることを暴露したのである。

画商衆が仕掛けてきた真贋問題を嫌気して美術館開設から手を引きたがっていた武生市長が、偽史工作のために特別学芸員として雇ったのが小林頼子で、これと結託した市職員らが捏造《ねつぞう》した筆跡鑑定結果を根拠に、贋作の疑いありとして、吉薗明子の寄贈採納を取り消したのである。小林頼子の表面上の立場は、「救命院日誌」の記載から浮かび上がる吉薗周蔵と佐伯祐三の特殊な関係を追究することであるが、それをせず、逆に吉薗周蔵不在説を鳴らしたのは、武生市長の請託を受けたもので、明らかな犯罪的行為なのに、あらゆるマスコミがこれに気づかなかったのは、その無能と不見識の証拠である。

周恩来の「旅日日記」もアリバイ作りが目的で、「救命院日誌」の伝とみれば納得がいくが、その奥にさらにウラがあると思うのは、吉薗明子から次のことを聞いたからである。それは、「日本に留学した周恩来は帰国後まもなく殺され、いとこが周恩来を名乗ってフランスに留学し、われわれが知る周恩来になった」というのである。

さすがに荒誕《こうたん》と感じて納得できず、長年放置してきたわたしは、近来まったく別のルートからも同じことを聞いて思い直し、本稿執筆を機に検討したところ、浮上したのが、替え玉説である。

■藤山愛一郎を接遇した周恩来

かれこれ考え併せて、わたしが立てた替え玉説は、次のとおりである。

——周一族のいとこ二人が大正六（一九一七）年春に来日した。一人は本物の周恩来で、あとの一人は時おり替え玉となって周恩来を称した。

京都の呉達閣の下宿で日本の国情を視察していたのは本物で、そこで知り合った周蔵から、藤根の牛込下宿をあてがわれる。

替え玉は大正六年秋から東京神田の下宿に住んで東亜高等予備学校に通い、大正七年春には東京高等師範と一高予科を受験するが失敗した。この間、本物は日本各地で偵察活動をしていた。

替え玉は九月から年末まで東京の下宿で、周恩来に成りすまして「旅日日記」に送受信記録だけ書き込んだ。受験で失敗したのは替え玉の方である。

殺害されたのは替え玉で、本物は帰国して南開大学からフランス留学を経て、世界的政治家になった。


つまり、「別紙記載」に出てくるのは本物の方で、大正六年九月から呉達閣の京都の下宿に居候していたのは、ポンピドー牧師の指示にしたがったのである。目的はいうまでもなく、将来のために河上肇の講義に触れることと、周蔵と出会うことであるが、周蔵の京都行がたまま遅れたことで、居候生活が長引いたのである。

以上が「周恩来ドッペルゲンゲル現象」に関する仮説であるが、周恩来の正体は超大国の国家的機密なので、真相は永遠に解明されないのではないかと思う。

さて、昭和三十（一九五五）年のバンドン会議に日本代表の経済審議庁長官高碕達之介の随員となった藤山愛一郎は周蔵の旧友で、周蔵と周恩来との関係を知っていたから、周恩来への紹介状を依頼してきた。

これに応じて紹介状を認《したた》めた周蔵は、その代わり、「南京で銃殺されたとされる川島芳子が、ほんとは生きているかどうかを尋ねてくること」を藤山に要請した。紹介状を受け取った周恩来は周蔵の思い出を語りながら、藤山の問いに、「そんなこと、答えられる訳がない」と、口では言いながら、右手の指でマルを作った。

わたしは、『〝男装の麗人〟川島芳子は生きていた』とか題するテレビ朝日のドキュメンタリー番組（平成二十一年四月十三日放映）で、そのくだりを語ったが、全国に放映されたから、ご覧になった方もおられると思う。

大正六年の秋に周蔵が京都で会い、東京で牛込の下宿を紹介した学生こそ、その周恩来であったから、バンドン会議で会った藤山にはシラを切らず、誠実な対応をしてくれたのである。

この逆が、周恩来が大正七年二月一日に引越した谷中の梅霊院で同宿になった保田龍門《やすだりゅうもん》である。同月二十四日に引き払った後も連絡をとりあっていた二人は、パリ留学中も再会したそうだが、戦後周恩来が世界的政治家として現れたとき、和歌山大学教授の保田はまったく反応しなかったことが謎とされている。保田の同宿は偽物だった可能性があるから、パリ留学中の再会は疑わしいとわたしは思う。

第八章

大谷探検隊と日野強と呉禄貞

天津南開中学のスポンサーは堀川辰吉郎

天津南開中学の実質的オーナーはメソジスト教会で、その背後を探ればハプスブルク系欧州國體に達する。

太古のメソポタミアに発したワンワールドの騎馬勢力が、ユーラシア大陸のステップロードを東進した到達した東端の一つが天津である。その天津にハプスブルク系の欧州國體が、文化・情報活動の拠点として設立したのが天津南開学校であった。

天津南開中学は、新中国建設のための人材として留学生を日本に送り込むだけでなく、日本を工作するワンワールド國體の志士を養成する基地でもあったわけで、大正七年五月四日に東京で起こった「五・四運動」も、その文脈で理解しなければ、真底がわからないのである。

ハプスブルク系國體の建てた「中華経略」の核心は、歴史的事情で欧州王室系と天孫系の二本立てとなったワンワールド國體が、第一次大戦により統合して成立した統合ワンワールド國體が、中国大陸に介入して統一国家を建てることにあったのである。

統合ワンワールド國體の中心となったのが堀川辰吉郎である。明治三十年ころに孫文《そんぶん》の秘書となった堀川辰吉郎が、先行して北京入りしていた中島比多吉《ひたき》の案内で紫禁城《しきんじょう》に入り、以後その小院に居住するところから、辛亥《しんがい》革命が始まるのである（明治四十四＝一九一一年）。

その後の堀川辰吉郎の動向は、もはや「日本がどうの、ロシアがどうの、朝鮮がどうの」というような地域的なものではない。歴史家の資格はこのことが理解できるかどうかにかかるのである。

堀川辰吉郎の出自は、光格天皇の流れを汲む京都皇統で、遡れば欧州大塔宮を経て大塔宮護良親王に達する。その欧州大塔宮家から里戻りした人物が建てたのが閑院宮家で、ここから出た光格天皇から始まる光格王朝三代の使命は、「日本を開国すること」にあった。

日本の開国が外国勢力、ことに覇道一神教勢力の侵入を許すことになるのは言うまでもないから、國體参謀衆としては、あらかじめ手段を講じておかねばならない。閑院宮典仁親王の里戻りにともない必要となる国事工作を、丹波アヤタチ衆に命じたのは、欧州大塔宮と思われる。その根拠は古来、王朝の交替に際して必要な工作を担当してきたのがモノノベ系尾張連で、いわば日本版の「宮廷ユダヤ人」であるが、その同族の丹波アヤタチ衆が折から盛んにオランダ取引をしていたからである。(拙著『天孫皇統になりすましたユダヤ十支族』参照)。

ともかく、光格王朝誕生を機にあらたに宮廷奉公衆に加わった丹波アヤタチ衆に、京都皇統が清国潜入を命じ清国領土の各所に「草の根」を張らせたが、なかでも注力したのは満洲であった。清朝発祥の地として漢族の立ち入りを禁じていた「封禁《ふうきん》の地」の満洲に、漢族の移住を清朝が許したのは、「ヴラジ・オストーク(東北を征服せよ)」の標語のもとに急速な東進を始めた帝政ロシアに対する「人民の盾」とするためである。

この動きに対応して京都皇統が、満洲に「草」として潜入させた精鋭たちの主力が丹波アヤタチ衆であった。強健な体質と俊敏な身体能力および諜者適性を買われて「草」となった丹波アヤタチ衆は、満洲各地の漢族社会で馬賊として頭角を現し、大小の頭目となったのである。

古来、大和西大寺の「極楽寺ネットワーク」を支えた「中世非人衆」は、半島経由で渡来した非耕作民であるが、丹波アヤタチ衆は、それらとは一味異なる渡来ユダヤ族である。

大正八（一九一九）年秋、上原勇作元帥に命じられた大連アヘン事情探索のための取材を任す「手の者」を求める周蔵に、布施一が紹介したのが辺見こと牧口常三郎《まきぐちつねさぶろう》であった。

丹波アヤタチの元締め上田吉松が、越後国柏崎の荒浜の倭人系女性の渡辺イネに産ませた牧口常三郎を布施は「サンカァ」と呼び、その族種の特質を、「何でも食い何処《どこ》でも寝られる。死んだと思うな、必ず生きておる」と説明したのである。

丹波アヤタチ衆についての説明は長くなるので、拙著『天孫皇統になりすましたユダヤ十支族』をお読みいただきたいが、読むより聴く方が簡単ということなら、ＤＶＤの『天皇とイスラエル十支族』を観ていただきたい。

■――満洲に潜入した修験サエキ・呉禄貞

満洲に潜入した丹波アヤタチ衆の典型が大本教開祖出口ナヲの次男出口清吉で、明治二十八

（一八八五）年の台湾平定中に戦病死を装って姿を消すが、五年後の明治三十三（一九九〇）年に起こった「北清事変」で、軍事探偵王文泰《おうぶんたい》の名で軍功を挙げたことが、郷里の『京都日の出新聞』に報じられた。

北清事変の後に満洲に渡って「緑林《りょくりん》（馬賊）」の頭目となった清吉は、弟分の張作霖を親日に誘導して、日露戦争の戦勝に貢献するのである。

ところが、呉達閣と丹波アヤタチ衆との関係を調べていくうちに、呉達閣の血統は丹波アヤタチ族でなく丹波衆に潜入した修験サエキと思えてきた。修験サエキがアマテラス信仰の「國體修験」なのに対し、スサノヲ信仰の丹波アヤタチ衆は「寄生体修験」というべき修験の異種である。

修験のなかに國體修験と寄生体修験が互いに潜入しているため、個々に鑑識しなければ本質は分からないが、ポンピドー牧師が抜擢した「南開三羽烏」は、諸般を考え合わせると、全員を國體修験と考える方が自然である。つまり、丹波アヤタチ衆が同族扱いしてきた呉達閣も、実は丹波に潜入した修験サエキと考えたわたしが、熟考すること三日、ついに國體舎人衆にぶつけたところ、肯定的な返事があった。やはり、丹波アヤタチ衆に潜入した修験サエキ呉禄貞の実子が呉達閣だというのである。

呉禄貞とはそもそも何者か？　湖北省雲夢《うんぼう》県の人で、明治十三（一八八〇）年に生まれ十五歳で科挙《かきょ》の予備試験を通過して「成員」となった秀才であるが、日野強《ひのつとむ》著『伊犂《いり》紀行』に付した岡田英弘の解説によると、湖広総督張之洞《ちょうしどう》により第一期の陸軍日本留学生として派遣されたが、明治三十三（一九〇〇）年の義和団《ぎわだん》事件に際し、唐才常《とうさいじょう》が湖北・漢口で反清の挙兵を計画すると聞くや、直ちに帰国した禄貞は、安徽《あんき》省大通《だいつう》における秦力山の自立軍に参加する。

挙兵が僅か二日で敗れて再び日本に戻った禄貞は、同年十二月陸軍士官学校の清国学生隊第一期騎兵科に入り、翌三十四（一九〇一）年十一月に卒業した。日本人では中村孝太郎大将、建川美次《たてかわよしつぐ》中将ら陸士第十三期生と同期になる。

同時期の清国学生隊には張紹曽《ちょうしょうそ》と藍天蔚《らんてんい》がいて、後年に呉禄貞を併せて「北洋士官の三傑」と謳《うた》われる。張紹曽は、やはり張之洞の官費援助を受けて日本に留学、呉禄貞と同期で清国学生隊第一期砲兵科を卒業し、袁世凱《えんせいがい》に登用されて砲兵将校となった。北洋系ながら革命派として知られ、直隷派の軍人として国務総理も務めた。また藍天蔚も張之同の推薦により日本に留学、成城学校を経て清国学生隊第二期工兵科を出た。卒業年度が明治三十七（一九〇四）年と遅いのは、工兵科の修業期間が長いためであろう。

帰国して軍途に就いた呉禄貞の傘下に革命志士が雲集したが、明治三十六（一九〇三）年十二月に陸軍北京練兵所の騎兵科監督として招かれて北京に移る（岡田英弘による。ただし、韓国の『間島歴史年表』には三十七年とある）。

岡田英弘の解説によれば、北京練兵所監督職には実権がなく、加えて満族が君臨する北京が面白くなかった呉禄貞は、明治三十九（一九〇六）年の秋に軍機大臣鉄良《てつりょう》の許可を得て、陝《せん》西《せい》・甘粛《かんしゅく》・新疆《しんきょう》・蒙古の調査旅行に出掛けたが、蘭州に赴いた時、甘粛巡撫樊増祥に会って革新的所見を述べたので、戊戌《ぼじゅつ》の政変に敗れた康有為《こうゆうい》の残党と疑われ、軍機処からの出張の公知も遅れていたこともあり、ニセ軍人と看做されて逮捕され、即時死刑に瀕するが、陝甘《せんかん》総督升允の計らいで鉄良に下問した西太后が真相を知り、辛くも命拾いする。

岡田英弘によれば、呉禄貞のこの調査旅行は、陸軍少佐日野強と示し合わせたものとみられるが、他の資料に一切見えないとしている。

かれこれ合わせて考えれば、呉禄貞が敢行した調査旅行は、西太后が軍機大臣鉄良に命じた間諜的所業とみられるから、ニセ軍人と怪しまれても当然である。この背景を明かせば、日清戦役後の満洲皇室愛新覚羅《あいしんかくら》家は堀川御所の國體天皇と通じ、漢族には秘密にしながら、ワンワールド國體としての秘密行動を起こしていたのである。

その目的は大清帝国の解体であった。

■――日野強の密命調査に同行した呉禄貞

陸軍少佐日野強が行った中華大陸内部の調査旅行は、明治三十九（一九〇六）年七月に「その筋」から密命を受け、九月に東京を発ってから十六カ月にわたるもので、『伊犂紀行』として報告されている。

その背景と詳細は別にして、ここで述べておかねばならぬ重要事項は、日野少佐がこの調査旅行について、「明治三十九年七月下旬、余はその筋より新疆視察の内命を受けたり」と、明言していることである。

ここで「その筋」とは何かが問題で、『伊犂紀行』の復刻版の序文で東大教授護雅夫《もりまさお》が、「その筋」としたのは敢えて、その解説を避けているように見える。

しかし、前掲復刻版の解説で岡田英弘が、「もちろん、これは参謀本部の命令であった」とするのは、適切とは言いがたい。理由は、「その筋」が西本願寺の法主大谷光瑞《おおたにこうずい》であったことが明らかだからである。

調査旅行の任務を終えた日野少佐が、明治四十（一九〇七）年十二月二十四日に神戸に入港して、即刻京都に向かい西本願寺法主大谷光瑞に謁見してから上京し、二十五日に参謀本部で復命したことで察しが付く。帰朝した日野が真っ先に復命した相手からすると、日野に下命したのは参謀本部でなく大谷光瑞とみるべきものと、思うのである。

ともかく、日野の行ったこの調査旅行が、明治三十五（一九〇二）年から大正三（一九一四）年まで三次にわたる大谷探検隊と関係することは明らかであるが、その大谷探検隊とは別に明治三十九（一九〇六）年十月二十八日から翌年二月二十九日まで、路程としては陝州（河南省三門峡市《さんもんきょう》）から西安まで、大谷光瑞が日野に相前後して行動している。

陸軍参謀本部員日野少佐の調査旅行に、北京練兵所騎兵科監督の呉禄貞が同行したことの意

日野強『伊犂紀行』明治四十二年・博文社刊

当時の東アジア情勢を解説した時局図

味を探るのが本稿のキモである。

軍機大臣鉄良の密命を受けた呉禄貞が、騎兵科監督の職務を休止して明治三十九（一九〇六）年秋に実行した陝西・甘粛・新疆・蒙古の調査旅行は、日野強少佐の密命調査と連動したものであった。呉禄貞の調査旅行に日野強少佐が同行した、というより、呉禄貞の方が参謀本部員日野強少佐の調査旅行に随行したのが真相なのである。

このことから史家が覚らねばならないのは、日野の調査旅行が単なる参謀本部の企画でなく、國體参謀として大谷光瑞が行った大谷探検隊と連携し、さらには、満蒙國體としての清朝皇室をも巻き込んだ、ワンワールド國體としての事業であったことである。

日野強と大谷光瑞

吉薗林次郎と同年の慶応元（一八六六）年生まれで、明治二十二（一八八九）年に陸士の旧制十一期を出た日野強は、近衛歩兵第二連隊の中隊長だったが、明治三十五（一九〇二）年七月一日付で参謀本部に入り、満韓国境方面に派遣された。任地で日露開戦に備えた戦備調査をした日野は、以後十年にわたって特務活動に従うこととなる。

日露戦役中は黒木《くろき》為禎《ためもと》大将麾下の第一軍に属して、清人を用いたロシア軍の攪乱工作を行った日野大尉は、明治三十八（一九〇五）年十二月十四日付で少佐に進級して大隊長となるが、翌年七月一日付で参謀本部に戻るや早速、同月下旬に「その筋より」新疆視察の内命を受けたのである。

天山《てんざん》山脈に囲まれている新疆地方はいわゆるシルクロードの東半分で、乾隆《けんりゅう》皇帝の西征により清国領となったが、南下を企てる帝政ロシアが清国の弱体化に応じて浸食し続けていた。日野少佐に下された探査の目的は、大陸勢力ロシアの南下に備えて、新疆地方の地誌民俗などあらゆる情報を収集することであった。

日野強の著した『伊犁紀行』は詳細を極めるが、西域探査旅行に呉禄貞が随行したことを、全く記していない。岡田によると、他の資料にも一切伝えられていないらしい。呉禄貞の日野随行一件はそれほど機密で、極秘事項として慎重に扱われたのである。

ところが、タイムズ特派員で袁世凱《えんせいがい》の政治顧問だった豪人ジョージ・アーネスト・モリソンを北京に訪問した日野が、『伊犁紀行』を手ずから贈った際に直接、この極秘事項を語ったのを、モリソンがその場で書き留めた。

モリソンの遺品となったその『伊犁紀行』が、他の書物とともに岩崎久弥に買い取られ、現在は「東洋文庫」に入っている。そこにモリソン自筆の書き込みがあり、この極秘事項を語るのである。

日野が極秘事項を明かしたのは、相手のモリソンが「その筋」に繋がるからで、「その筋」がワンワールド國體に属していることを物語って余りある。

この貴重な歴史資料の発見に対して、史家は岡田に感謝を惜しんではならないが、このような「真史」(「偽史」の反対をいう)を隠蔽することこそ御用史家の務めであるから、岡田は東京外大教授として矛盾の中で、これを発表したものとみられる。

岡田が官職上解明を憚《はばか》った「真史」を、岡田に代わって解明し発表するのが、結局わたしに与えられた天命である。

明治三十九(一九〇六)年十月十六日、汽車で保定《ほてい》を出た日野少佐は、鄭州《ていしゅう》で下車し、以後の騎馬行の準備のために二泊してから十九日に鄭州を出た。

一方、呉禄貞が軍機大臣鉄良から許可を得た調査旅行は、陝西・甘粛・新疆・蒙古を対象地域とするが、真の目的は日野に随行することにあった。「その筋」からの工作に応じた鉄良はもとより承知で、当初から新疆まで随行する手筈《てはず》であったのであろう。

日野と同じく北京から出発した呉禄貞が、北京から同行していた可能性もあろうが、むしろ「鄭州での準備」というのが、「呉禄貞の合流を待つ」との意味であろう。『伊犁紀行』には、「荷物は従僕に託して支那馬車に付し、予は専《もっぱ》ら騎馬による」との言があるが、バリバリの騎馬将校であった呉禄貞も、当然騎馬によったはずである。

日野が北京で、新疆情報の教示を請うた西本願寺の堀賢雄《ほりけんゆう》は大谷光瑞師の一行と合流し、日野一行と相前後して西安入りする。

光瑞師と日野少佐の長安での邂逅は、明治三十九年十月二十八日であった。「予(日野)の陝州に着するや、たまたま本派本願寺大法主・大谷光瑞伯、同尊由《そんゆ》師の一行（中略）が布教かつ歴史研究のため、西安すなわち長安に向こうに邂逅し、その後同地に到るまで相前後せり」と、その模様を『伊犂紀行』に記した。

光瑞師は日野少佐に対し、「多大の同情を寄せられ」たが、光瑞師自身のカラコルム探検の体験談話、その経験からの携行品についての注意はありがたかった。「この邂逅は、空谷《くうこく》の跫音《あしおと》を聞くが如く、予は痛く伯の懇切に感激せり。伯の好意はこれに止まらず、カシガル駐在の英国貿易事務官・マカートニ氏を初め、英領印度における紳士への紹介状を与えられ、かつ写真器械一組、時計一個をも貸与せられたり。特に記してここに伯の好意を謝す」と、日野は『伊犂紀行』に特記している。

表側はその通りだが、実は日野少佐はこの時に、光瑞師から、探査事項に対する具体的な指示を受けたものと思う。そのために必要な会見であったが、大谷と日野の濃厚な接触は内外多数の眼に触れたから、理由付けが必要であった。

ゆえにこの贅筆は、裏の真相を表の綺麗ごとに変換する目的の作為とみなければならない。

西太后の電報に救われた呉禄貞、日野も釈放に奔走

西安で光瑞師一行と別れた日野強と従者上原多市、および呉禄貞の三人が蘭州に到着したの

は十二月九日であった。

前述のごとく、ここで甘粛巡撫に革新的所見を述べた呉禄貞は、康有為の残党と怪しまれて逮捕される。近代化と漢族自立を目指す中国革命の気運が高まり、正規軍人の中にも清朝政府にとって危険分子が生まれていた時機である。

ニセ軍人と看做されて即刻死刑に瀕した禄貞が、辛くも命拾いしたのは、陝甘総督升允の計らいによるものであった。慎重な升允は軍機処に問い合わせの伝報を打つが、鉄良は既に辞めていたので一件は西太后の耳に達し、西太后が鉄良を呼び出して直接事情を聴き、蘭州に電報を打たせたことで呉禄貞は助命されたのである。

十二月九日に蘭州に着いた日野は、以後は馬車を利用することとし、その準備が整い同地を発ったのは十八日であった。急ぎの探査活動の最中に、馬車の支度に九日間とは鄭州に比べて長過ぎるのは、実際には呉禄貞の釈放工作に奔走していたのであろう。

ともかく、升允と西太后の往復電報が呉禄貞の命を救った。そうすると、『伊犂紀行』の蘭州の条に、「電報と時間」と題し、「当地、北京間に要する電信到達時間の差異概ね次の如しと。第一官電（時を設けざるもの）二時間、第二密電（暗号にして多く料金を要するもの）六時間、第三普通のもの一日間」と記したのは、釈放の経緯に関係があるものとみるべきである。

明治四十（一九〇七）年十月二十七日、カシミールの首都スリナガルに入った日野は、イギリス駐在官で探検家として有名なヤングハズバンド大佐と会見した。ここに主要任務を終えた日野は、日本領事派遣の稲垣中佐と原通訳の出迎えを受け、帰路に着く。十二月二十四日に神戸港に着いた日野が途中で京都に立ち寄り、西本願寺に大谷光瑞伯爵を訪れて西安における謝意を述べ、翌二十五日に帰京して参謀本部に復命した。

かかる場合に何より重要な参謀本部への復命を一日延ばして京都に行き、光瑞師に謝意を述べたのは、それが真の復命だったからである。

これが、例の「その筋」が「京都皇統」であることを示す一証であろう。

袁世凱に暗殺された呉禄貞の子が呉達閣

一方、蘭州から北京に送還された呉禄貞は、東三省総督徐世昌《じょせいしょう》に登用されて明治四十（一九〇七）年五月に奉天に赴き、東三省教練所総弁に就任する。

同年八月、日本政府が韓国統監府間島《かんとう》臨時派出所を開設したことにより、清韓の国境問題が日清間の交渉に移行し、いわゆる「間島問題」が始まった。

間島問題の処理に知日派呉禄貞の活用を図った徐総督により、局子街に派遣されて国境を測定し地図を作成した呉禄貞は、留日経験のある宋教仁と共に国境画定の交渉に加わり、明治四十一年に提出した『延吉辺務報告』により間島を清国領と論証し、その功で督弁吉林省辺務大臣に就くこととなった。ときに二十八歳である。

ちなみに、明治四十年に奉天で東三省教練所総弁に就任した呉禄貞と、明治四十二年に徐世昌の要請で東三省講武堂教官として派遣された貴志彌次郎少佐とは、東三省陸軍の幹部として同僚であったわけだ。

明治四十三（一九一〇）年に北京に戻り、紅旗蒙古副都統に就いた呉禄貞は、軍事訓練視察のために独仏旅行に出て、帰国後に革命同志が調達した銀二万両《テール》を慶親王に献金して、保定陸軍第六鎮の統制（師団長）に就いた。この大金はおそらく独仏のどこかで、使途の指示とともに欧州國體から拝領したものと思われる。

明治四十四（一九一一）年に勃発した辛亥革命に際し、閻錫山《えんしゃくざん》が山西省で挙兵するや、清朝政府は呉禄貞隷下の第六鎮に山西討伐を命ずるが、日本陸士出身としての後輩閻錫山と連絡を取り合った呉禄貞は石家荘《せっかそう》を押さえ、武昌鎮圧に向かう清朝軍の補給路を断つとともに、清朝から革命鎮圧得を託された袁世凱を足止めした。

苦境に立った袁は、呉禄貞の部下の標統（大佐）馬惠田を買収して、石家荘駅の駅長室で禄貞を暗殺せしめた。享年まだ三十一であった。

呉禄貞の子が、明治二十七（一八九四）年吉林省の生まれの呉達閣との説を仄聞したとき、わたしは、まず生年を疑った。

呉達閣より二歳下で吉林一中でも天津南開中学でも同期生だった王希天は吉林に生まれて大正三年に十八歳で天津へ移り、翌年日本に渡るが、吉林時代に既に長男王振圻を得ていた。

呉禄貞が数え十四歳の時の子とは、多少早いがあり得ぬことではない。そもそも、すでに血統を偽るのならば、生年の偽りもあって不思議はないから、呉達閣を同期生の王希天と同年とみて、公称経歴より二歳若いとみなすことにする。

ところで、呉禄貞も父が丹波の出で日本人の血を享《う》けていると、わたしは聞いた。呉禄貞の生年は堀川辰吉郎と同じ明治十三（一八八〇）年であるが、当時は京都皇統による大陸経綸が急速に進行していた。

けだし、清国に渡った丹波アヤタチ衆が、現地で成した男子（呉禄貞）を吉林副都統管轄区長春庁（現在の九台市）で農牧を営む呉家に入れたものと思われる。すなわち雲夢呉家に託して実子として育てさせたこととなるが、京都皇統の伝授によれば、呉禄貞の実際の血統は、丹波アヤタチに潜入したウバイド系の修験サエキという。

ともかく、ワンワールド國體の予定は、呉禄貞の子を日本の陸軍士官学校に入れることにあり、奉天陸軍小学の受験を準備していたが、奉天陸軍小学が辛亥革命で取り消しになったので吉林一中へ入れた。

ここで王希天と同期生になったのは、もとより國體の人事戦略で、天津南開中学でも同期生にして、大正五（一九一六）年に日本へ留学させたのである。日本でも同様な例があり、池田勇人と佐藤栄作が高校受験の宿舎が同じだったのは偶然ではなかった、と聞く。大正六年に合格した一高特別予科に、呉達閣が休学届を出して京都に移った事情はすでに述べた。

■——日野強が大本教に潜入

さて、國體勢力が上記の計画を実行するには、丹波アヤタチ衆が清国内の勢力家と組むしかないが、これはさほど難事でもなさそうである。

呉禄貞と日野強との間には、眼に見えぬ紐帯《ちゅうたい》が確かにあった。だからこそ、軍人として前途に青雲が待つ呉禄貞が、一年間もの軍務放棄を厭《いと》わず、日野少佐の西域調査に随行したわけである。軍機処大臣鉄良も必要な支援をし、西太后にもそれは通じたが、そのような紐帯の本質は、ワンワールド國體勢力と京都皇統の関係以外に考えられない。

國體参謀として重きをなす大谷光瑞師を通じて、参謀本部員日野少佐に中央アジア調査活動を下命したのは、いうまでもなく京都皇統である。大谷光瑞と堀健雄を現地に派遣して日野少佐を指導・支援せしめたので、真っ先に大谷光瑞になされた日野の復命は、同時に京都皇統にも届いたのである。

帰国した日野は、明治四十一（一九〇八）年に明治天皇の御前で講演の栄を賜り、四十二年五月に『伊犁紀行』を公刊し、六月二十六日をもって陸軍中佐に進級し、近衛歩兵第二連隊付となった。

明治四十五（一九一二）年の辛亥革命により中華民国が成立すると、日野中佐は「陝西省方面ニ至リ諜報勤務ニ従事シ、特ニ該方面ニ於ケル共和政反対党ノ動静ヲ偵知スル」よう命令を受けた。要するに、宗社党の首領たる升允を探れとの指令である。

大正二（一九一三）年に帰国した日野は、偕行社で講演した際、上官と衝突したことが災いし、陸軍大佐に進級した直後に予備役編入された。

ちなみに陸士で日野と同期の西川虎次郎は五年前の明治四十（一九〇七）年、高山公通《きみみち》は明治四十一年に大佐になったが、日野ら諜報畑は進級が遅いのが通例であったが、これは國體参謀の隷下に属するものの宿命である。

退役後の日野は山東省青島《チンタオ》で缶詰工場を経営していたが、これは表向きであり、実際は諜報活動をしていたのはいうまでもない。大正七（一九一八）年に「青島還付問題」が起こると、在留邦人を代表して陳情のために帰朝した日野予備大佐は、大本教の宗旨に共鳴して青島から撤退し、丹波綾部に移り住んで大本教幹部となり、大正九（一九二〇）年、綾部で死去した。陸軍が日野を内地へ呼び戻したのは、大本教の聖師出口王仁三郎の入蒙に際して相談相手とするためで、その密命を受けて日野は青島を引き揚げてきたのである。

海軍では、大正十一（一九二二）年に少将進級を目前にしながら退役した海軍大佐矢野祐太郎に、王仁三郎の受け容れ工作を奉天で進めさせていた。奉天で武器商三矢商会を開設した矢野は、大陸浪人の岡崎鉄首らと組み、満蒙独立を志す馬賊の盧占魁《ろせんかい》に渡りをつけ、張作霖ルートの取り込みに成功する。右の動きが國體天皇堀川辰吉郎の手配によることは知られていないが、読者には想像がつくであろう。

大正十三（一九二四）年二月十三日、第一次大本事件で責付《せきふ》出獄（拘留停止）の身の出口王仁三郎が、植芝盛平《うえしばもりへい》らの側近と密出国し蒙古に入る。その目的の一つは、現地で馬賊として名を挙げた王文泰が、義弟の出口清吉であることを確認することにあったが、その経緯はここでは省く。

京都皇統を支援した勢力の一つの丹波アヤタチ衆の本拠が大本教である。その海外版が山東半島を本拠とする紅卍会《こうまんじかい》で、日本のトップとなった堀川辰吉郎が総裁に就いた世界救世教こそ正統の紅卍会とわたしはみている。

第九章　コスモポリタン忍者・王希天

■――「王サン」はいったい何者か

大正十（一九二一）年三月、周蔵は野方町上高田九六番地の第二救命院を訪れた。

大正六（一九一七）年秋に京都から連れてきた渡辺政雄をここに住まわして、罌粟《ケシ》栽培の研究を頼んでいたが、近来多忙のために足を向けなかったのである。そこで偶然来ていた呉達閣（別名・呉瀚濤）と周居應と会い、周の本名が王希天であることを知った。

周蔵は時々見回りに行った上高田での見聞を「上高田日誌」の形で残しているが、渡辺から「こんなこととして何になるか」と聞かれ、「特務の心得として必ず点《つ》けろと、石光（真清）さんに教えられた」と答えた。

「上高田日誌」によると、政雄は大正七（一九一八）年の春から手伝いの女を一人入れて耕作を始めたが、四月には四寸までに伸びた罌粟《ケシ》は、八月には取れるに取れたが、質が良くない。翌八年には、罌粟《ケシ》苗を育てるムロを作ったところ、芽生えが早く、勢いも良かったが、五、六月に移植に失敗して全滅した。急いで直蒔《じかま》きしたら芽が出たが、雨が続いてこれも全滅する。右に続く記事は、唐突に十二月から始まっており、「政雄が土に灰を混ぜて来年を待ってをる」との内容であるが、八年のことか九年のことか分からない。

大正九（一九二〇）年は周蔵にとっては実に多事の年で、一月に上原勇作邸で憲兵中尉の甘粕正彦に引き合わされ、三月には甘粕正彦から山県元帥暗殺未遂犯の伊達順之助の隠避を依頼され、五月には奉天特務機関長貴志彌次郎《きしやじろう》の支援のために満洲に行かされ、朝鮮を経て帰国の途中熱病に罹《かか》りながら、八月末に帰宅した。

十月からは松沢病院長呉秀三の勧めで漢方を習うため、四谷の帝国針灸漢方医学校に通うが、校長の周居應が実は王希天であった。

周居應に連れて行かれた大森の料亭で、女子医専の設立を計画中の額田医師兄弟に会わされる。他にも大谷光瑞師の要請で面倒を見ていた佐伯祐三の結婚や、一度も会ったことのない婚約者の出産などもあった。

「別紙記載」の上高田救命院の記録が、大正九年が十二月から始まるのはいかにも唐突で、わたしに見せたくない内容があって外されている可能性もあろうが、これだけ忙しいと上高田に行けないのも分かる。ともかく、十年の三月に久しぶりに上高田に往ったら、周居應と呉達閣がいたわけである。

「上高田日誌」のその続きは、「二月　周先生カラ　アヘンノ苗ハ水分ヲ嫌フヨ　ト教ハル由」とあるから、時ははやくも大正十一年の二月に遷《うつ》っている。

この間、周居應は、ときどき政雄を見舞いに来て、罌粟《ケシ》の栽培法を指導していたのである。周蔵がその二年前に呉秀三からこの人に学べと教えられ、周居應の帝国針灸医学校に入ったのは、罌粟《ケシ》の一種コマクサの製剤法を教わるためであったが、周居應（王希天）は、罌粟《ケシ》の栽培にも通暁《つうぎょう》していたのである。

■――王希天と張学良をつなぐ謎の〝深い関係〟

近来、中国で流れる風聞は、王希天の家は張作霖家と代々深い関係にあったという。王希天の父の王立廷は長春で馬具など皮革商品を扱う豪商であった（仁木ふみ子前掲）。一方、張作霖の父の張孝文は直隷省からの流民で奉天省海城県《かいじょう》に住んだ。古野直也『張家三代の興亡』によれば、孝文は女房に百姓をさせていた博打好きの遊び人で、旅先の義県で博打中にイカサマを見破られ、遊び仲間の王某にその場で射殺された。

それは作霖十四歳の時で明治二十年ころのことらしい。白雲荘主人著『張作霖』によれば、頓死したのは張作相の家であった（白雲荘主人とは中川小十郎《こじゅうろう》のことらしい）。

奉天育ちの張学良が、長春で育った五歳年上の王希天と、幼時より知っていたとする風聞はにわかには首肯しがたいが、一概に否定すべきではあるまい。己の浅学をさておいて、わたしの甘粕正彦論を「証拠があるか」と謗《そし》るのはまだしも、己の洞察欠如を顧みずに「荒唐無稽」と侮る売文家がいたが、歴史解明の要訣《ようけつ》は理論物理学と同じく洞察にあり、重要なのは「物証より論証」である。

それはともかく、奉天張氏と長春王氏が代々深い関係にあるとは一見不可解であるが、まさか張孝文射殺犯の王某が王立廷と関係があるわけではあるまい。

張学良は明治三十四（一九〇一）年に、奉天省（現在の遼寧省）台安県で馬賊の頭目張作霖の長男に生まれた。学良二歳の時、父は新民府で清朝の正規軍人となり、翌年日露戦争に際会するが、成り行きを眺めた後に日本に加担し、戦後は奉天総督の下で討伐に明け暮れて寧日《ねいじつ》がなかった。

一方、吉林で育った希天は学良十三歳の大正三（一九一四）年に天津に移り、翌年日本に渡る。それ以前に、幼い学良が長春に行くことはあり得ないから、仮に希天に出会ったとしたら、希天が新民府辺りを来訪した場合しかない。

白雲荘主人『張作霖』によれば、日露開戦の前年、八角台で馬賊生活を送っていた張作霖を清朝に帰順させようとした新民府の知府《ちふ》（知事のこと）増韞《ぞううん》と、張作霖夫人の実家の趙氏が諮《はか》って差し向けた宣撫使《せんぶし》が新民府巡警局長王奉廷で、新民府有数の有力者で警察署長の他に陸軍将校の肩書を有し、後に陸軍参謀にも任じたほどの才物であった。

この王奉廷の働きでめでたく帰順に成功した張作霖が、馬賊仲間を率いて官兵となるや、増韞知府と趙氏は王奉廷を白旗堡の巡警局長に転任させて、張作霖は帰順後一年足らずで新民府の兵権を掌握した。

あるいは、この王奉廷が希天の父の王立廷と関係があったかも知れず、学良の母の実家で新民府の富豪趙氏も、吉林の王氏と縁戚であった可能性もあるのではないか。

大正十（一九二一）年秋、王希天が療養先から東京へ帰り、ポンピドーの帰国後に牧する者のいなかったメソジスト教会の代理牧師になった」と、仁木ふみ子は言うが、これは表帳簿で、実は老人周居應に化けて四谷で帝国針灸漢方医学校を開いていた。

そこへ通うように周蔵に指示した東大医学部教授呉秀三は、周居應の一面を知っていたが、その正体が王希天なる民国留学生とまでは知らなかったらしい。呉秀三も上原勇作との関係深く、ドイツ留学でワンワールドに加わったとみられるが、深入りしなかったのであろう。

唯一王希天の正体を知るのは、「仲間のポンピドーとポール・ラッシュ」というが、前者はメソジスト教会、後者は聖公会の聖職者である。すでにメソジストに入信していた王希天は、来日直後から神田の中華ＹＭＣＡを活動拠点として、ポンピドーが帰国した後、不在のメソジスト教会の代理牧師を引き受けたのである。

王希天がワンワールド國體に加入したのは、一年間在籍しただけの南開中学時代ではなく、親譲りとみるべきである。幼少から文武と諜報術の修業をさせられたのは、王家が代々ワンワールド國體奉公衆だからであろう。

王希天の裏側の仲間は、ポンピドー牧師の義甥の憲兵大尉甘粕正彦である。大島町の出稼ぎ民国人を支援する活動中に、垣内八洲夫《かきうちやすお》中尉の軍刀で殺されたとして、王希天が被害者を演じたのは、特高に注目され続ける状態から脱却するためであった。この偽装死を計画して実行を支援したのは、言うまでもなく、仲間の甘粕大尉である。

来日時に面差しが
昭和天皇と似ていると
話題になった張学良

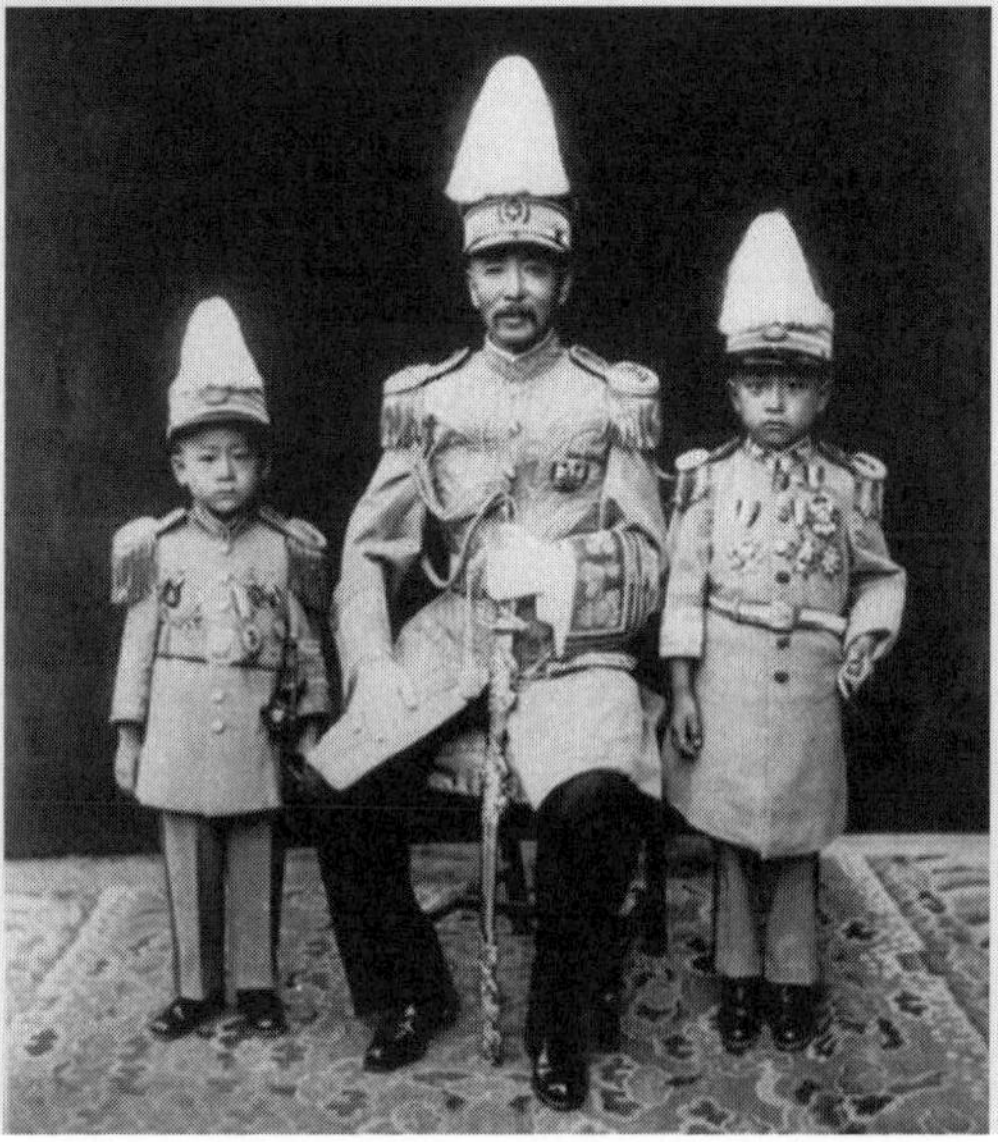

張作霖父子。
右端が長男・張学良

■――罌《ケ》粟《シ》栽培に精通し高度の諜報術を体得した王希天

罌《ケ》粟《シ》栽培、漢方医学ばかりでなく、変装諜報などは朝飯前の高度の諜報術を体得していた王希天は、周蔵より二歳下で、当時二十四歳なのに、なぜそのような知識があったのか。周蔵が大道芸人風の武術の達人と観察していた呉達閣と王希天は、「ある特殊な事情」から幼少時に何処かで基礎的訓練を受け、天津に移ってからも、南開中学の周辺で本格的な訓練を受けたと見るべきであろう。しかも、希天はその期間に既に長子を成していた。真に恐るべき早熟の天才肌であった。

「ある特殊な事情」としてわたしが推察するのは、丹波アヤタチ衆の関係以外にない。呉達閣の実父が士官三傑の一人呉禄貞で丹波アヤタチ衆に潜入した修験サエキの血筋であることは、すでに述べたが、長春の皮革商王立廷の子息に生まれた希天にも、同じような事情があるのではないか。

馬賊の跳梁する吉林で行われたとみられる幼時の鍛錬は、天津南開中学の外郭における訓練とカリキュラム的に繋がっているはずであり、ここに丹波アヤタチ衆と天津南開中学を拠点としたワンワールド國體の深い関係を想像せざるを得ない。

さて「上高田日誌」に戻る。

「因って、水を吸う竹藪が都合良しとのことで、竹藪を借りたい」との政雄の頼みを受けた周蔵は、竹藪の地主の鈴木質店に話してくれるよう、藤根に頼んだ。現在「日興パレス」という名のマンションが建つその地は、藤根の依頼で鳶《とび》の細井が借りてくれた。

その竹藪に直播きしたケシの育ち具合を、三月、四月と周蔵が見に行くと、本数は少ないが幹は太かった。七月になり、竹林の罌粟《ケシ》から収穫したアヘンは良質で、周居應（王希天）は大層喜んだ。王希天の助言によって、四年ぶりで、やっと罌粟《ケシ》らしい罌粟《ケシ》ができたのである。

罌粟《ケシ》栽培の成功を喜ぶ周居應は、「周さんとは言わず、王さんと呼んでほしい」と言った。「タノンマスト　云ハル」と、その口調を周蔵がわざわざ傍線付きで書いたのは、あまりにもこなれた日本語に秘かに舌を巻いたからであろう。

ただし、「四谷の帝国針灸医学校では周先生と呼ぶように」とのことであった。警視庁特高《とっこう》に目をつけられている立場として、王希天の名が口にされるのは避けたいのであろう。「周蔵手記」に周居應は何度も出てくるが、王希天として出てくるのは「別紙記載」だけである。

その王希天は、やがて関東大震災下で偽装死し、以後は完全に周居應として生きた。つまりこの人物は、王希天を棄てて周居應に変身する計画を、ずっと以前から立てていて周と王の二体分けをしながら実行時期を窺っていたところ、たまたま関東大震災が起こったので、甘粕正彦の手を借りて実行したのである。

「周蔵手記」には、これより前の大正十年十一月条に「周先生は相変わらず御調子が良い」とあるが、東大法学部に通っていた呉達閣に関する記事は全然ない。罌粟《ケシ》栽培の実務に窮した周蔵が教えを請うたのは、政雄の祖母のウメノが紹介した呉達閣であった。京都以来の政雄の親友呉達閣は東京に居るので、上高田の救命院にたびたび訪ねてきたのであろうが、その名が「周蔵手記」に一度も出てこないのは、國體奉公衆だからである。

つまり、「周蔵手記」の記載は表側の人たちのことに限り、ウラ側の人物の記事はすべて「別紙記載」に回すことに、周蔵が決めたのである。

周蔵も理解できない南開ワンワールドと「ユダヤ」の関係

仁木ふみ子『震災下の中国人虐殺』によれば、王希天は、「大正十年秋、(療養先の長岡温泉から)東京へ帰って、ポンピドー帰国のあと牧《ぼく》する者のいないメソジスト教会代理牧師として、また中国青年会幹事として働き、留学生に大きな影響を与えた」とある。

実は結核は仮病で、療養を装って姿を消した王希天が漢方医周居應となり、白髪交じりの付け髭で老人に扮して、大正九年秋から四谷に帝国針灸漢方医学校を開いていたのであう。

本名の王希天では、大正九年八月にポンピドーが帰仏したあと、牧師不在となったメソジスト教会の代理牧師となり、また中国青年会(神田北神保町に在ったＹＭＣＡ)の幹事にもなった。

彼ら南開ワンワールドが通う四谷の城西教会に関心を持った周蔵が、政雄に内情を尋ねると、「ダフヤラ《どうやら》 日本人デモ名ダタル人物、多ク通フラシイ」とのことである。そこで、「キリスト教徒の外人なら分かるが、日本人が一体、何をしに教会に行くのか」と問うと、「意外と日本の内部情報を売っているのではないか」と政雄は答えた。

周蔵から見ると、彼ら民国留学生は日本を探っているように見えるし、また彼らの都合に合わせて無知な日本人を教化しようとしているのに、なぜ陸奥広吉が国家の力をこういう者に貸そうとするのか分からない。

彼らが考え違いをしていると思う周蔵は、広吉が留学先の英国でワンワールド國體の教育を受け外人娘を嫁に貰って来たのを知らなかったのである。

周蔵の聞くところでは、元外務大臣陸奥宗光の子息の伯爵陸奥広吉が民国留学生を援助していて、共済会の設立にも協力を約したという。ここでいう共済会とは一般名称でなく、大正十一（一九二二）年九月二十一日、大島町三丁目二七八番地に王希天が設立した「僑日共済会」のことである。陸奥は共済会の会長となった王希天に、毎月五十円の援助を申し入れるが辞退された。陸奥と王希天ら民国留学生との共通の奥底が、「いわゆるユダヤ」との説明を政雄から受けた周蔵は、その「いわゆるユダヤ」が何なのか、まったく分からない。

陸奥伯爵が直接希天と会い、その支援をしていたことから、陸奥家の素性が透けてみえる。父の伊達宗弘は、紀州藩兵法指南宇佐美家から紀州藩士伊達家に入ったが、素性はハプスブルク大公家の分流で、江戸時代に日本に渡来したと考えられる。さればこそ、宗光の代になって新しく「陸奥」家を興したのである。

丹波アヤタチ衆のいう「ユダヤ」とは

政雄は、「自分は彼ら（ユダヤ）の仲間ではないから」と言いながら、「ユダヤ」について、いろいろ教えてくれた。政雄がユダヤのことをよく知るのは、生家の丹波亀岡のアヤタチ上田家が渡来ユダヤ族だからである。

政雄はユダヤを、「一つの人種で国を持たぬ種族」と言う。しかし、それがなぜ周先生（王希天）と関係があるのか。「難しい、理解しがたい」と記した周蔵は、「それに日本人も多いとのこと。国を持たぬ人種に日本人がなぜ多いのか。難しい。宗教の事かとも思う」と付け加えた。

わたしが思うに、渡辺政雄のいう「ユダヤ」とはワンワールド國體ではなく、コスモポリタンのことで、ワンワールド國體と寄生体ユダヤを混淆した概念である。これを政雄が用いたのは意図的でなく、みずからユダヤ族と信じていた丹波アヤタチ衆の種族意識ないし観念だったとみられる。

けだし、東征してきた天孫皇統に協力して連立王権ヤマト朝廷を建てたモノノベ氏は、渡来イスラエル族であるが、大和朝廷では少数与党としての役割分を守り、「宮廷ユダヤ人」の立場に徹してきた。

ところがモノノベの同族が、渡来イスラエル族の特区となった丹後半島で籠《この》神社の社家となり、海部氏を僭称して、『先代旧事本紀《せんだいくじほんぎ》』により天孫皇統に連なる「海部氏系図」を偽造したのである。

天孫皇統をイスラエル族の末裔とする「天皇・ユダヤ同源論」に立つ「丹後アマベ史観」が、敗戦日本で文部省・教育委員会・大学および大手メディアによって流布されたのは、これに目を付けた占領米軍と国際金融連合が結託し、日本を恒久的略奪対象とするために、日本人の民族的矜持を奪う手段としたのであった。

戦後日本では、保守派の自民党政府と文部官僚が占領軍の武力を恐れて迎合し、革新派の日本社会党と日教組・総評はコミンテルンの思想工作を受けて共鳴したから、一般国民は「丹後アマベ史観」から逃げるすべがなかったのに、この状態を脱却しようとする史学者が現れなかったのは情けないことで、結局、今日まで国民の歴史感覚は「自虐史観」や「半島優越史観」の仮想空間を彷徨《さまよ》っているのである。

さて、ユダヤなる観念には明確な定義がないことは世界の常識である。第二次大戦後に建国したイスラエル共和国では、帰化の条件として、「ユダヤ教徒の母から生まれたユダヤ教徒」としているから、振り分けの基準は種族でなく宗教である。

世上では「アマベ史観」に立つ売文業者によって商品化された「日ユ同祖論」が一般日本人に売り込まれているが、この場合の「ユダヤ人」の定義が明確でない。かりに明確化したところで、今度は、「日本人」とは何かということが問題になる。

日本民族の三大源流は、縄文系・弥生系・古墳系であることは今や周知となったが、これに中東系を加えて「第四の源流」とみれば、事態は明らかになる。その中東系のために和銅六(七一三)年に丹波国を割いて作った移民特区が丹後国である。

この特区の住民が、在来の倭人や縄文人と混血しながら拡散したことを、「日ユ同祖論」というのならば、いかにも風呂敷を拡げすぎである。なぜなら、今日の日本男性人男性のY染色体遺伝子をみるに、縄文系D1bが最大で、倭人系O1bが続き、古墳人O2がこれに並ぶ。その割合は、おおまかに「4対3対3」とされている。

中東系がこれに含まれるとしたら、日本渡来前のユダヤが、すでに何かと混交していたことになるし、別だとしたら非常に少数ということになる。さもなくば、「中東系のオリジナルはいったい何か」、ということになるわけだが、不思議にも、ユダヤ人のY染色体は、ごく一部を除いて明らかにされていない。

つまり、「いわゆるユダヤ」というのも周辺との境界がない概念で、有り体にいえば國體勢力と寄生体勢力が混淆した族種集合をさす場合が多い。

丹波アヤタチ衆でも、政雄のような一般成員は、ワンワールド國體を自分らと同じでいわゆる「ユダヤ」と思い込みたいらしい。一方で、「皇室とユダヤの同源説」も強調したいようで、出口王仁三郎の有栖川宮落胤説を執拗に流布する心底がそれであろうか。

関東大震災下、王希天の「偽装殺害」

ここまで来たついでに、王希天のその後を述べる。

大正十一（一九二二）年には労働問題が深刻化した。前年のワシントン会議で軍縮が決まり、多数の軍人と海軍工廠、造幣廠で除隊、解雇が発生し、民間でも失業が増加した。十月には東京の下町の労働者が、労働市場で競合関係にある民国人労働者の退去を陳情した。

ことほどさように、留日民国人労働者の存在は大きな社会問題化しつつあった。この過程で王希天は確かに目立った働きをしていた。国外退去命令を出す警察署への交渉には、多くの場合、王希天が登場した。

僑日共済会の母体は中国青年会（ＹＭＣＡ）である。仁木前掲には、「十一年九月五日、青年会、学生総会、聖公会の代表は、中国人労働者の多い大島地区の状況視察に出かけ、さらに王希天は（中略）労働現場の視察を重ね、中日各団体の指導者たちと討論を重ねて、僑日共済会発足となったのであった」とある。

中国留学生が政治運動・社会運動に動員される例は、先般の北京オリンピックの聖火リレーに際して一端を顕したが、これは中国人社会固有の特徴らしい。当時も、民国人労働者の退去、排斥問題に留学生が介入した。

日本人でこれに加担したのが、陸奥広吉伯爵を筆頭に、救世軍の山室軍平、明治学院の賀川豊彦、沖野岩三郎らのキリスト教徒であったが、それとは別に聖公会の名が挙げられている。つまり、ポール・ラッシュである。

関東大震災後で倒壊した聖路加病院の再建に尽くしたポール・ラッシュは、震災後に初渡来したように言われているが、この頃すでに日本に潜入していた。

陸奥広吉は、有り体に言えばポール・ラッシュのスパイであったと聞く。カミソリ大臣の嫡子でベルギー大使までした伯爵が、外国宣教師のスパイとは、周蔵ならずとも情けないが、これはワンワールド國體内の序列かと思う。つまりポール・ラッシュの方が上位だったのだろう。

当時、ワンワールド國體は、日本のキリスト教化の外形を採りながら中国人労働者の日本進入に乗じて日本社会の改造を図っていたことが歴然であるが、ともかく十一月二十七日、規約改正によって希天は会長になり、中国青年会の仕事を辞めて僑日の方に専心することになった。

この間、警視庁外事課の極秘文書「大正十一年六月十五日現在　支那関係事務概容」には、民国留学生中の要注意人物の名前が挙げられているなかに、王希天は特記されているが、呉達閣は全く見えないのは、役割を分担したのであろう。

そうこうしている間に、大正十二（一九二三）年九月一日、関東大地震が起こる。王希天は

キリスト教勢力のスパイだった陸奥広吉

欧州系ワンワールド國體参謀
ポール・ラッシュは日本の
国際化のために来日した

神田のYMCAから大島町の僑日共済会に通っていたが、YMCAは地震で倒壊し、住んでいた留学生たちは中華聖公会に避難した。

王希天は民国公使館、教会、留学生総会などと対日震災救済会を組織して、ひとまず留学生たちの救済に当たり、九日になって大島に出かけた。

そこから先はいろんな証言があるが、主として民国労働者や陸軍の下級兵士久保野茂次の伝聞で、断片的で思い込みも激しく、全容を伝えるものはない。久保野茂次には、営内接客婦（いわゆる従軍慰安婦）でウソ証言をした例の吉田清治と通じるところがある。

王希天襲撃の実行に当たったのは第一師団隷下の野戦重砲兵第三旅団第七連隊所属の垣内八洲夫中尉（後に大佐）であった。紀州藩で貴志彌次郎や、わたしの生家井口家と同じ紀州根来《ねごろ》者《もの》の後裔で、連隊第一の剣道の達人であったから、この任務を受けたのであろう。

真相は、中隊長佐々木兵吉大尉の命を受けた垣内中尉が、九月十二日の早暁、逆井橋の近くの中川堤防の上で、王希天に背後から一刀を浴びせた。止《とど》めを刺さなかったのは、そのように命じられていたからである。

逆井橋で何が起こったか

結局、「王希天事件」とは、本人が希望した筋書きの通りに実行したもので、大震災を奇貨として民国留学生の日本工作隊長から足抜けする目的で偽装死するため、渋谷憲兵分隊長兼麹町分隊長の甘粕正彦大尉に依頼したのである。

襲撃は甘粕大尉の計らいによるものであった。ポンピドー牧師を介して王希天と極めて近い関係にあった甘粕は、大正十一年ころから王希天と計画を練っていたのは、いうまでもなく、統合ワンワールド國體の参謀として行ったのである。

つまり甘粕はワンワールド國體から与えられた参謀任務の一環として、王希天の偽装襲撃事件を仕組んだのである。甘粕の王希天偽装襲撃工作を支援したのは、野戦重砲第三旅団参謀の砲兵大尉遠藤三郎であった。

甘粕と同じ山形出身で陸士では二年後輩の遠藤は、後にフランスに留学した時も、刑余の甘粕を支援している。戦後、遠藤が「反戦将軍」として持《も》て囃《はや》されたのはワンワールド國體としての任務であったことは透けて見えるが、ワンワールド國體における遠藤の地位は、ハプスブルク家の女婿となった甘粕よりも相当下位であったものと思われる。

民国留学生王希天は、関東大震災直後の大正十二年九月十二日早暁、逆井橋近くの中川堤防で垣内八洲夫中尉の一刀を浴びた。死体は発見されなかったが、前年中華僑日共済会の会長に就任して反日活動をしていたことを憎む帝国陸軍による虐殺と看做され、「王希天事件」として今も知られている。殺害事件といわれるが、死体が発見されていないから、正確には失踪事件と呼ぶべきである。

事件の真相は、王希天が民国留学生グループからの足抜けを図るための偽装死で、これにより特高の監視から逃れたのである。新たな人生を周居應として送ることはすでに決まっていて、三年前から準備していたのは既に記したとおりである。

震災発生当時、野戦重砲兵第三旅団麾下の第一連隊第三中隊長であった遠藤大尉は、震災直後の九月五日付で第三旅団参謀に補せられた。首都防衛の任に当たる第一師団に属し、市川国府台《こうのだい》に本拠を置く野重第三旅団は、地震発生の直後に第一師団から出動命令を受けていた。第三旅団参謀として遠藤大尉の任務は、民国人労働者の収容所と決定した習志野の旧捕虜収容所に彼らを収容することであった。

昭和五十（一九七五）年に発表された野重第一連隊第六中隊の兵卒久保野茂次の日記には、「第六中隊長佐々木大尉が口実を設けて王希天を連れ出し、逆井橋の鉄橋近辺で予め待機していた垣内八洲夫中尉と出会い、王希天を休憩させた処を垣内中尉が背後から切り掛けた」とあるが、ここまでは事実に近いようだ。

ただし、「そして彼の顔面及び手足等を切りこまさきて、服は焼き捨ててしまい、携帯の拾円七十銭の金と万年筆は奪ってしまった」とあるのを、そのまま信じたのが鎌ヶ谷市会議員石井良次であった。石井が久保野の証言を丸呑みにして日記の発見と公開に力を尽くしたのは、吉田清治の証言を信じこんだ例の朝日新聞記者植村隆の相似象である。

著書『震災下の中国人虐殺』で「久保野日記」を紹介した教組婦人部長の仁木ふみ子は、久保野日記が続けて、「そして殺したことは将校間に秘密にしてあり、殺害の歩哨にさせられた兵より逐一聞いた」というのを確かな証言とみたらしいが、それが誤りの元である。

吉薗明子の言によれば、垣内中尉の一刀を受けた王希天は、大怪我をしたが一命をとりとめたという。計画者の甘粕憲兵大尉は、震災下で強烈な権力を握ったからすべてやり易く、麻酔を施した王希天を上高田の救命院に運ばせ、牧野医師が手術して、隻脚になったもののやがて健康を回復したとのことである。

片脚になるほどの大芝居を打ったことで、世間に死亡を信じさせた、というが、今考えてみて、ほんとうに隻脚を失ったのかも、怪しいと思う。仮包帯で逆井橋から中野まで運んでは、出血多量で生命が危うかったはずだから、である。

■――現地からの報告――矛盾する遠藤の言

当時、現地にいた将兵は何を見たか。

王希天の襲撃時に歩哨に立っていた兵は当然第六中隊所属だが、階級は不明で、日記の書き込みからするとその名は高橋春三らしい。

ともかく、これは証言でなくて流言であるから、吟味を省くことはできない。久保野の伝聞では、「顔面手足等を切り刻んで服は焼き捨てる」形で死体を処理した者が、携帯の十円七十銭と万年筆を奪い、歩哨の高橋はそれを見ていた、という。

殺害者（実は襲撃だけ）が垣内中尉であることは明白だが、後述のように、垣内は一刀を浴びせただけで後ろも見ずに帰宅したという。ようするに、止めを刺さなかったが、これは真実とみるべきであろう。つまり、「顔面及び手足等を切り刻んで服は焼き捨て、携帯の金と万年筆を奪った」のは垣内中尉ではない。では、死体処理と金品横領を誰がしたというのか。

左翼人の観念的反軍思想からすれば、「佐々木中隊長も垣内中尉も、人を殺すくらいだから、横領などは当然」と単純に考えるのだろうが、それは当時の帝国陸軍将校を律していた紀律を知らぬからである。いかに人倫にもとるとも、命令による殺害は紀律に反しないが、窃盗・横領は陸軍紀律に背き、発覚したら厳罰を免れないが、それよりも将校としてその可能性はまずない。

当時参謀本部の総務部長で、九月三日付で関東戒厳参謀長を兼ねた阿部信行少将は、佐々木大尉から聞いた話として、「亀戸警察署から王希天を引き取ってくれと言われたので、十二日午前三時、下士官一名と警察に引き取りに行って、分隊本部に行く途中放還した」と語り、佐々木と同行したのは下士官一名とした。

また旅団参謀遠藤三郎大尉も、「佐々木大尉と垣内中尉が身柄を引き取りに行った」、と語っている。無論すべてが真実ではないが、王希天一人の引き取りに兵士を数名も連れて行く必要はなく、佐々木中隊長は高橋春三だけを連れて行き、垣内中尉は別に行動したのであろう。

遠藤三郎の著した『将軍の遺言——遠藤三郎日記』には、「一。後ろから切りつけただけ。そのあと、どう始末したかは知らない」とあるようだ。前後の文を見ていないが、これは遠藤が垣内を代弁したものと思われる。しかし元中将遠藤三郎は、事件から半世紀経った昭和五十三（一九七八）年にインタビューに応じて次のように語ってもいる。

私の（参謀をしている）第三旅団麾下の第一連隊の（第六中隊の）佐々木（兵吉）という大尉が、王希天は危険な人物だから習志野（の収容所）にやったら何をするか分からんからやってしまえと。

旅団長（金子少将）は、殺せとはいわないが《やってしまえ》といったそうです。

その佐々木の下に戸山学校を卒業したばかりの腕自慢（垣内八洲夫中尉）がいて、それが首切ってみたいと云うんだ。

それで、佐々木とその中尉が王希天を、特別に受領書まで出して警察からもらって来て、中川の堤防まで連れて行って殺し、川に流してしまったらしいんだよ。

第七連隊が王希天を拘束したが、貰い下げに行ったのは第一連隊の第六中隊で、中隊長が佐々木大尉、垣内は隊付中尉だったというのである。

金子旅団長が佐々木中隊長に、「殺せとはいわないが《やってしまえ》と言った」のは、「殺すなよ」と命じた意味ではなく、「殺せとは明言しなかったが、やれと言った」との意味に取れるから、この言は遠藤の前言と矛盾する。

垣内八洲夫の追想

田原洋も、王希天事件に関し『関東大震災と中国人』と題する書を著している。昭和三十八（一九六三）年東京教育大学（現・筑波大）仏文科を出た田原はわたしと同時代人で、首都圏紙『東京タイムズ』の記者から国会議員秘書となった典型的な左翼ジャーナリストである。

この書の見どころは、垣内八洲夫から直接話を聞いたことである。わたしがこの本を読んだのは、たしか平成十五年ころだった。垣内の氏名は明記していたが、住所をA県A市と書いてあったから、まさか和歌山市とは思わなかった。

それが和歌山市だと分かったのは、張学良の正体を暴いた『張家三代の興亡』の著者古野直也と電話で話しているうちに、「垣内は私の父の部下だったから、学生の時に和歌山の垣内家に遊びに行って、ひと月も滞在した」というのである。大正十三（一九二四）年生まれで陸士五十七期卒業の古野直也の父古野縫之助は、東条英機と同じ陸士十七期の砲兵科を出て陸軍少将に進級したのち予備役編入になった。

古野直也は昭和十九（一九四四）年四月に陸士五十七期を出て陸軍少尉に任官したが、同期の留学生に朴正熙がいた。大正十三年生まれの古野直也が和歌山の垣内家に滞在していたのは十五、六歳と考えられる。一方、垣内八洲夫は明治三十（一八九七）年生まれで陸士三十一期の砲兵科を出た。

田原洋『関東大震災と中国人』は垣内の最終官歴を砲兵大佐・対馬要塞司令官とするが、終戦時の対馬要塞司令官は常岡寛治《つねおかかんじ》中将であったから何かの間違いだろう。ともかく古野のこの一言で、垣内氏が紀州藩の木本村地士《じし》高橋勘兵衛の系統と分かった。

垣内家から高橋家に入り、ビタミンAの発見者として有名になった農学博士高橋克己は木ノ本一〇三八番地の垣内家の七人兄弟の長男に生まれたが、この家が垣内八洲夫の家だから、明治三十年生まれの八洲夫は、克己の五歳下の弟とみてよいと思われる。

この辺りは木本家（根来者）と高橋家（地士）と垣内家ばかりが数十家、軒を連ねているが、すべて近縁の親戚で、地士高橋勘兵衛の家名を残す必要から、垣内の長男が高橋家に養子入りしたものと思われる。

ちなみに、木本村に隣り合う梅原村の根来者貴志家から陸軍中将貴志彌次郎が出た。地士と根来者の家格の高下は一概に言えないが、一般的には地士の方が上のようである。

昭和五十六（一九八一）年に、元陸軍中将遠藤三郎から王希天殺害話を聞いたジャーナリストの田原洋が、殺害犯人と目された砲兵中尉垣内八洲夫の和歌山市の自宅を訪ね、本人から、「後ろより一太刀浴びせて、そのまま帰宅した」と聞いたのである。

これで、おぼろげに見えてくるのは、「垣内が王希天に一刀を浴びせて、そのまま放置した」ことである。死体の処理に関する信頼すべき情報はないから、正しくは「王希天行方不明事件」であって、「王希天殺害事件」ではない。現に、王希天は生きていたのである。

真相を探るべく和歌山まで赴いたのには敬意を表するが、せっかく本人に会いながら、真相洞察の好機とし得なかったのを田原のために惜しむしかない。

田原の『関東大震災と中国人』を一読すると、「帝国軍人など悪人に決まっている」との硬直的左翼史観しか感じられない。この左翼史観が正常に機能すべき洞察力を自ら閉ざしたのである。

昭和六十(一九八五)年には毎日新聞記者の宮武剛が、垣内家を訪ねて、「旅団司令部から佐々木中隊長に命令を出した。どんな内容か私は知らん、とにかく《王希天を始末せい》という命令を、佐々木さんから貰ったんですよ」との言を本人から引き出した。垣内の言は終始一貫しており、ほとんどが事実と見るしかない。つまり、斬殺はたしかにしていないので、問題は垣内中尉が何をしたかである。

久保野茂次の伝聞

王希天が生きていた以上、「王希天行方不明事件」と呼ぶべきといったが、真相がわかった今は「王希天偽装死事件」と呼ぶのが正確である。

そうなった以上、世間に伝わった虚報をいちいち取り上げて解説する意味はないが、ここで先述の「久保野日記」だけは、一応、説明しておきたい。

昭和五十（一九七五）年に発表された野重第一連隊第六中隊の兵卒久保野茂次の日記には、「第六中隊長佐々木大尉が口実を設けて王希天を連れ出し、逆井橋の鉄橋近辺で予め待機していた垣内八洲夫中尉と出会い、王希天を休憩させた処を垣内中尉が背後から切り掛けた」とあるが、これは営内の伝聞にすぎず、内容も「死体処理に際する些末な事項」だけで、実行現場の雰囲気が感じ取れない。

久保野は兵舎内に流れた噂話を記したまでである。ストレスの多い兵舎内では嫌軍意識から根拠のない噂が流され、それに共感した久保野が聞いたのは、十月半ば以後に王希天の失踪が取り沙汰されるようになってから、兵舎内で意図的に流布された作り話とみるべきである。流布の目的は、「王希天の遺体がいつまでも発見されない理由」を合理的に説明しようとしたので、むろん甘粕大尉の仕業である。

以上からして、「王希天を始末せい」との旅団長命令に接した佐々木中隊長が、中隊付の垣内中尉に実行させたのは事実だが、問題は、その命令が正確には「王希天を始末せい」ではなかったことである。単純に「始末せい」ならば、当然止めを刺さねばならない。しかも、今回は反日支那人に対する単なる懲らしめではない。生き延びて喋られては困るから、永久口止めが必要なことは垣内中尉も当然承知している。

しかし垣内はあえて止めを刺さなかった。紀州根来者の一族で連隊一の剣豪の垣内なら一撃で殺すのがむしろ自然なのに、「一太刀浴びせてそのまま帰宅した」のは特別な理由があったからである。

「どんな内容か私は知らん。とにかく《王希天を始末せい》という命令を貫った」と垣内は単純化するが、そのときの命令はもっと具体的で、「貴様は後ろより一刀を浴びせる格好だけしろ。絶対に斬ってはいかん。当然だが止めは刺すな。後の始末はこちらでやるから、そのまま帰れ」といったものと思われる。

「どんな内容か私は知らん」とは、「どんな内容（事情）があるのか、深く考えなかった」との意味で、何かあるとは思っても深く考えないのが軍人の弁《わきま》えである。だからこそ後年になっても、「その後、どう始末したかは知らない」と嘯《うそぶ》いたわけで、そこに垣内の正直さを見るべきである。

以上からして、金子旅団長の名で出た王希天襲撃命令は、甘粕の後輩として偽装死計画に一役買っていた旅団参謀の遠藤大尉が出したと見れば筋が通る。

遠藤の言に矛盾が生じたのは、年月の経過とともに真相が一部を露呈したのである。垣内の一刀で傷ついた（？）王希天は、予め伏せてあった甘粕の部下により秘かに救助され、野方村上高田に運ばれた、と聞いていたと、吉薗明子は言う。

遠藤が「川へ流した」と言ったのはいうまでもなく筋書き通りで、佐々木大尉が歩哨を立てたのは、殺害の証拠として一刀を浴びせる場面をわざと見せたフシがある。そこまでの事情を知らされていなかった垣内が、「後は知らぬ」としか言わないのは正直だからである。

すべてを企てた甘粕大尉を遠藤大尉が支援

第一師団長石光真臣《いしみつまおみ》中将と金子直旅団長はどうであったか。

大正十一（一九二二）年十月二十日付で第一師団長に就いた石光真臣中将は、兄真清《まきよ》と同じく上原勇作元帥の股肱であった。石光は大正七（一九一八）年六月から憲兵司令官に就き、翌八年十月から九年八月までは甘粕正彦を副官に従えた直属上官であった。

図らずも大震災に際会した甘粕は、懸案の二件すなわち大杉栄・伊藤野枝の謀殺と王希天の偽装殺害を実行する機会に恵まれた。九月十六日の大杉栄ほかの謀殺における甘粕の関与は明白であるが、その四日前の九月十二日早暁に行われた王希天の偽装死も甘粕の企画であることを知る人は、本稿の読者のほかにはまだ少ないであろう。

甘粕正彦という補助線を引くことで、大杉事件と王希天事件を覆う全体が把握されるが、その観点からすると、石光第一師団長が、上原元帥の意を受けて両事件における甘粕の活動を間接的に支援していたとしても、決して不自然ではない。

金子旅団長は石光師団長と同じく砲兵科で、上原勇作の系列である。旅団参謀の遠藤三郎砲兵大尉とは意思疎通が良くて当然で、甘粕が必要とする旅団長命令を出すことで、甘粕に協力したのである。

遠藤はこの後、十二月に参謀本部付に転補、翌十三年十月に参謀本部員となり、十五年三月から昭和四年十月までフランス陸大に留学したが、そこで昭和二年七月から四年二月までフランスに滞在した甘粕の面倒を見させられた。これで明らかなように、王希天と甘粕正彦とは全くの同志であった。というより、ポンピドーが大正九年八月に帰国した後は、甘粕が呉達閣と王希天に指示を与えていたのである。

王希天失踪に関する最初の報道は、十月十三日の上海各紙であった（仁木ふみ子『震災下の中国人虐殺』）。情報源は僑日共済会副会長の王兆澄である。

仁木によれば、王兆澄は王希天の八高時代からの親友で、既にアメリカ留学が決まっていた王希天と会長を交代すべく、八月三十一日午後には事務引き継ぎを済ませていた。

ところが、翌日に大震災が発生し、九月二日には王兆澄が小石川で暴漢に襲われて負傷したために、「王希天がなお会長として行動したためにこの奇禍に遭った」、としている。王希天のアメリカ留学は陸奥広吉が援助を申し出ていたというが、偽装死しては仕方がない。

甘粕と肚《はら》を合わせて留学仲間からの足抜けと警視庁特高の視界から消えることを図っていた王希天は、当初どのような筋書きを考えていたものか。大震災は予期しえないから、渡米を装って姿を消し、あとは周居應として日本で活動する計画で、そのために僑日共済会の会長職を王兆澄に譲ったのであろうか。偽装死よりもその方が自然だが、渡米しても特高の追及は続くだろうから、やはり、偽装死の方が確実である。

王兆澄は習志野事件の発覚を恐れる日本官憲の追及をかわしながら山城丸で上海に着き、習志野における僑日同胞の被害を調査して、被害者総数は四百七名に及ぶという事実を新聞に発表した。王希天の故郷の吉林省長春では、十月十七日に初めて失踪が報じられ、吉林省議会は外交部に王希天事件の調査を要求した。希天の弟も兄の行方不明事件について対日交渉を外交部に要求した。

民国政府は、前代理国務総理で外交総長も務めた王正廷《おうせいてい》の外二名を被害調査委員に任命し、一行は十二月七日に到着した。一行は十三日に吉野作造宅に集まるが、日本人の来会者に小村俊三郎と服部マスとがいた。ちなみに、小村は侯爵小村寿太郎の甥で、北京留学後に外務省通訳となり、清国・民国在勤を経て大正三年に退官した中国通である。

また、服部はキリスト教式女子教育で知られた日本女子大の卒業生で、民国留学生を世話したことで知られている。来日した周恩来に牛込の下宿を世話した親切なクリスチャン婦人とは、服部マスのことではないかと思う。

――王希天と張学良を結ぶ補助線

外交交渉ではなく、在日華僑の被害調査に来た王正廷一行は、大島町事件などについて調査したから、当然王希天の失踪にも及んだ。

一行は帰路十二月一日に奉天に着く。王正廷は奉天領事内山清に対し、「王希天が殺害されたことは確かだが犯人が問題で、この点は当事者の佐々木大尉が知悉しているはずだから、取り調べの上で甘粕事件と同様の法的処分をし、民国政府に対して自発的に処理すれば、円満に解決する」との内意を漏らしたが、日本政府は対応しなかった。

ところが、奉天総領事船津辰一郎から十一月二十七日付で、張学良から親友王希天の捜査依頼を受けた旨の報告文が外交史料館にある（仁木ふみ子前掲）。

王希天が張学良の親友とは、いかなる事情によるものか。

王希天の経歴はすでに述べたが、明治二十九（一八九六）年に長春生まれで大正元（一九一二）年吉林一中に入り、三年秋に学園紛争で退学して天津南開中学へ転校、呉達閣（呉瀚濤）・周恩来と同級になったが、二人に先駆けて四年秋に日本に留学する。

一方、明治三十四（一九〇一）年に奉天省台安県で馬賊張作霖の長男に生まれ奉天で育った張学良は、大正五（一九一六）年に天津南開中学校長の張伯苓が奉天でした講演を聴いて感動し、以後は張伯苓の学外弟子を自認するが、その前年に王希天は日本に渡ったから、これは二人を結ぶ関係を説明できない。

巷間では「張氏と王氏は数代に亘る深い関係」と噂されるが、親類縁者ということか。白雲荘主人『張作霖』によれば、新民府の増知府と張作霖の舅《しゅうと》趙氏の依頼を受けて、馬賊だった張作霖を清朝に帰順させた宣撫使の王奉廷は新民府有数の有力者で、新民府巡警局長の他に陸軍将校の肩書を有し、後には陸軍参謀にも任じたほどの才物であった。

張作霖が馬賊仲間を率いて帰順し官兵となるや、増知府と趙氏は王奉廷を白旗堡の巡警局長に転任せしめたので、張作霖は一年足らずで新民府の兵権を掌握した。まさに作霖の恩人である王奉廷が、希天の父王立廷と親族関係にあったのか、あるいは作霖の舅の趙氏つまり学良の母方が吉林の王氏と縁戚だった可能性もある。こうしてみると、浙江出身の外交部長王正廷も見逃しておくわけにはいかぬ。

さて大正十（一九二一）年、二十歳の張学良が来日して各地の陸海軍施設を見学するが、この時にメソジスト教会の線で王希天と再会、ないし知り合った可能性もあろうが、確率は低い。最後に検討すべきは張作霖と王立廷がもともと王文泰（出口清吉）を通じて繋がっていた可能性である。荒唐無稽に見えるが、王希天を根本から洗うと丹波衆の臭いがしてくるから、一概に否定はできまい。

周居應となった王希天は、日本姓を「百木」と名乗ったが、一時、長野の山中で罌粟《ケシ》栽培をしていたという、片脚でできるのかと聞くと、「義足を工夫した」、と吉薗明子は言っていたが、わたしが、王希天は少しのケガもしなかったと思うのは、垣内八洲夫の話に「斬った」という実感が感じられないからである。

だいいち、片脚を切断すると失血多量で死ぬ可能性が高い。そんなことより、バラバラ分断を久保野に語らせた方が、死体の行方不明も同時に説明できて一挙両得ではないか。

王希天の相似象は、北朝鮮で粛清され、死体のかけらも残らなかった張成沢《チャンソンテク》である。コスモポリタン特務王希天の國體任務は、日本にいながら周恩来と張学良・呉達閣を無線でつなぐことであったと思う。王希天が日本で連絡に当たっていたからこそ、西安事件も国共合作も成功したのである。

王希天が来日前に残してきた長子王振圻は医者になり、文革で被害を受けそうになった時に周恩来が救った。王希天は昭和四十九（一九七四）年に「革命烈士」に追認され、その遺族は「烈属」の待遇を受け、振圻の長女は北京で旅行会社の支配人になった。革命烈士と烈属は、明治維新の勲功で華族となった志士と同じようなもので、共産貴族である。

最近の仄聞では、周恩来の近縁者と王希天の孫が、中華人民共和国の要職に、そろって就いたと聞く。

［了］

おわりに

以上が、落合・吉薗秘史シリーズ第四巻『ワンワールド特務・周恩来の日本偵察』です。周恩来はじめ「南開中学三羽烏」を育てて日本に送り込んだワンワールド國體はその後、周恩来と呉達閣に「西安事件」を起こさせ、つれて「国共合作」を実現して、日本の中華大陸侵略を食い止めました。これにより、第二次大戦の東アジアにおける趨勢《すうせい》が決せられ、戦後の東北アジア、ことに満鮮シベリアの勢力地図が定まったのですが、爾来七十年、ようやく変化の兆しが顕れ、満鮮シベリアの流動化が始まりました。

ハプスブルク大公の退陣により欧州國體は一本化されてワンワールド國體となり、表面上退陣したハプスブルク大公家を引き継いだクーデンホーフが欧州共同体を創りますが、それも曲がり角を迎えました。

第二次大戦後に生じた地域的経済構造のひずみが、ソ連の崩壊とこれに次ぐ中国の経済開放によって顕在化し、移民問題となって世界を動乱に導いています。この先どうなるか。歴史はつねに相似象で、過去と未来は合わせ鏡です。

読者の見識向上に資することを願って、わたしは落合・吉薗シリーズ第五巻の執筆に着手しました。よろしくご声援ください。

◉著者について
落合莞爾（おちあい かんじ）
1941年、和歌山市生まれ。東京大学法学部卒業後、住友軽金属を経て経済企画庁調査局へ出向、住宅経済と社会資本の分析に従事し、1968〜69年の『経済白書』の作成に携わる。その後、中途入社第1号として野村證券に入社、商法および証券取引法に精通し、日本初のＭ＆Ａを実現する。1978年に落合莞爾事務所を設立後は経営・投資コンサルタント、証券・金融評論家として活躍。日本および世界の金融経済の裏のウラを熟知する人物として斯界では著名な存在である。近年は京都皇統からの仄聞情報を基にした日本史に関する見解を「落合秘史」として発表し続けている。著書に『先物経済がわかれば本当の経済が見える』（かんき出版）、『天才画家「佐伯祐三」真贋事件の真実』（時事通信社）、『教科書では学べない超経済学』（太陽企画出版）、『平成日本の幕末現象』『平成大暴落の真相』『ドキュメント真贋』（いずれも東興書院）、『金融ワンワールド』、「落合秘史シリーズ」として『明治維新の極秘計画』『南北朝こそ日本の機密』『国際ウラ天皇と数理系シャーマン』『奇兵隊天皇と長州卒族の明治維新』『京都ウラ天皇と薩長新政府の暗闘』『欧州王家となった南朝皇統』『日本教の聖者・西郷隆盛と天皇制社会主義』『ワンワールドと明治日本』、國體古代史に敢然と挑んだ『天皇とワンワールド（国際秘密勢力）』『天皇と黄金ファンド』『天孫皇統になりすましたユダヤ十支族』、「落合・吉薗秘史シリーズ」として『「吉薗周蔵手記」が暴く日本の極秘事項』『國體アヘンの正体』『日本皇統が創めたハプスブルク大公家』（いずれも成甲書房）がある。

落合《おちあい》・吉薗秘史《よしぞのひし》［4］

ワンワールド特務《とくむ》・周恩来《しゅうおんらい》の日本偵察《にほんていさつ》

東《ひがし》アジアの勢力図《せいりょくず》を決《けっ》した吉薗周蔵《よしぞのしゅうぞう》の奇縁《きえん》

◉著者
落合莞爾《おちあいかんじ》

◉発行日
初版第1刷　2018年4月25日

◉発行者
田中亮介

◉発行所
株式会社 成甲書房

郵便番号101-0051
東京都千代田区神田神保町1-42
振替00160-9-85784
電話 03(3295)1687
E-MAIL　mail@seikoshobo.co.jp
URL　http://www.seikoshobo.co.jp

◉印刷・製本
株式会社 シナノ

Printed in Japan, 2018
ISBN978-4-88086-367-2